Inhalt

QR-Code scannen und Einkaufslisten, Kochvideos und Schritt-für-Schritt-Anleitungen entdecken

Rezeptinfos

5 SmartPoints Wert – SmartPoints Wert und zusätzlich kcal/kJ pro Person/Glas/Stück

UP GRADE – Dieses Symbol zeigt dir, wie du das Rezept variieren kannst.

Info – Gut zu wissen – Tipps und Tricks sowie hilfreiche Warenkunde erkennst du an diesem Symbol.

Video – Film ab! Entdeckst du dieses Symbol an einem Rezept, gibt es dazu ein Kochvideo. Einfach den QR-Code auf dieser Seite scannen. Zu welchen Rezepten es Videos gibt, siehst du übersichtlich im Register auf Seite 164.

Extra für dich: Auf den Rezeptseiten erfährst du direkt neben dem SmartPoints Wert, ob ein Rezept gluten- oder laktosefrei, vegan oder vegetarisch ist. Die Kennzeichnung ist rein informativ und nicht verbindlich. Es liegt in der persönlichen Verantwortung zu püfen, ob die verwendeten Lebensmittel die Anforderungen erfüllen. Zusätzlich findest du auch eine Info, wenn sich ein Gericht gut zum Einfrieren eignet.

Fertig in: Hier sind alle Vorbereitungsschritte, Marinier-, Gar- und Backzeiten eingerechnet.

Davon aktiv: Diese Zeitangabe sagt dir, wie lange du wirklich mit Schnippeln und Rühren beschäftigt bist.

Lecker, leicht & willkommen in der Weight Watchers Welt.

Frische Zutaten, raffinierte Rezepte, einfache Zubereitung. Leichte und figurbewusste Ernährung kann so simpel, abwechslungsreich und vor allem lecker sein – mit Weight Watchers. Wir freuen uns darauf, dich mit unseren Kochbüchern zu inspirieren und jeden Tag aufs Neue mit leckeren Gerichten zu überraschen.

Immer wieder anderes. Immer wieder neu.

Genau wie unsere Rezepte wird auch unser Programm immer weiter optimiert. Klar, die Dinge ändern sich. Dabei nehmen wir Trends, wachsende Anforderungen an Lebensmittel und Ernährung sowie neueste Erkenntnisse aus Wissenschaft und Forschung stets genau unter die Lupe. Das Ergebnis: Feel Good – unser modernes, ganzheitliches Programm und die perfekte Kombination aus ausgewogener Ernährung, Bewegung und einer guten Portion eigener Wertschätzung.

Drei Säulen machen dabei den Weg zum eigenen Wunschgewicht noch effektiver.

Das wird dir schmecken.

Unser Punktesystem wird noch schlauer. Mit den SmartPoints! Die SmartPoints Formel ist nach allerneuesten Studienergebnissen der Ernährungsforschung entwickelt worden.Teilnehmer, die bereits die neuen SmartPoints nutzen, finden es leichter, gesünder zu essen, und sind insgesamt zufriedener mit dem Programm und ihrem Erfolg.

Aus Auszeit wird Aktivzeit.

Bewegung ist wichtig. Warum? Man fühlt sich fitter. Verbraucht mehr Energie. Und ist einfach besser drauf. Daher werden Fitness und Sport zu einem noch wichtigeren Teil des Programms. Zusammen entwickeln wir einen Plan für dein persönliches Aktivitätsziel.

Das Wichtigste zum Schluss – du.

Die Eckpfeiler für ein gesundes, bewusstes Leben? Eine ausgeglichene, positive Einstellung. Mit Feel Good zeigen wir dir, wie du deine innere Balance findest, sodass du dich rundum wohlfühlst und glücklich bist.

ausgewogen –

Und worauf hast du Lust?

Ganz egal, welcher Typ du bist, wir bieten ein Programm, das zu dir und deinem Alltag passt. Lass dich von einer starken Community in unseren Treffen mitreißen oder erlebe Feel Good ganz einfach von Zuhause oder unterwegs, mit dem Online Programm und unserer App. Noch nie war der Weg zum Wunschgewicht so einfach und flexibel.

Treffen

Das trifft sich gut:

Mit einer starken Community und der persönlichen Unterstützung unserer Coaches zum Wunschgewicht.

- **Motivation, Inspiration und hilfreiche Ratschläge unserer Coaches.**
- **Gemeinsamer Austausch, Hilfestellung oder Motivation in der Community.**
- **Neueste Erkenntnisse zum Thema Ernährung von Experten gebündelt.**

Online

Das klickt sich gut:

Ob unterwegs in der Bahn oder zu Hause aus dem Wohnzimmer – mit Weight Watchers Online und der passenden App bist du always on.

- **Bewusste Ernährung leicht gemacht. Mit unserem SmartPoints Plan.**
- **Clevere Food-Pläne.**
- **Austausch per Chat oder Challenges in der Online-Community.**
- **Barcode-Scanner für sofortigen SmartPoints Check im Supermarkt.**
- **ActivPoints werden direkt mit deinem Account synchronisiert.**

Der MonatsPass

Treffen, Online und App. Die perfekte Kombi für deine Abnahme.

Auf Seite 162 erzählt Christoph, wie unser Feel Good Programm für ihn funktioniert. Und jetzt viel Spaß mit unseren Rezepten.

Alle Infos zu unserem Programm gibt es unter www.weightwatchers.de

Fleisch ist nicht gleich Fleisch!

Im Zuge der vegetarischen und veganen Bewegung und dem gestiegenen Bewusstsein für Lebensmittel überdenkt die Mehrheit der Bevölkerung ihr Essverhalten und ihren Fleischkonsum. Fleisch zählt zwar ohne Zweifel zu den beliebtesten Lebensmitteln und ist für viele vom täglichen Speiseplan nicht mehr wegzudenken, jedoch legen immer mehr Menschen größeren Wert auf Qualität und Herkunft des Fleisches.

Trend zu mehr Nachhaltigkeit

Aspekte wie Fleischqualität sowie Nachhaltigkeit und Transparenz der Fleischproduktion rücken für viele Konsumenten immer mehr in den Fokus. Dabei spielen Gesichtspunkte wie Regionalität, kurze Transportwege, biologische und artgerechte Tierhaltung eine bedeutende Rolle. Das Fleisch wird häufiger beim Metzger, im Bio-Laden, auf dem Wochenmarkt oder direkt beim Landwirt gekauft.

Auch Biosiegel auf den Fleischwaren sind eine gute Hilfe für Verbraucher. Allerdings gibt es auch innerhalb der vielen verschiedenen Biosiegel Unterschiede bezüglich zulässiger Haltungszahlen, Transportzeiten oder Futterzusammensetzung. Das „normale" EU-Bio-Siegel verspricht zwar eine bessere Haltung der Tiere als in konventionellen Betrieben, aber Bio-Verbände wie Bioland oder Demeter haben nochmal deutlich strengere Richtlinien.

Für umfangreichere Informationen schau doch mal unter www.bioland.de/infos-fuer-verbraucher.html oder www.demeter.de/verbraucher/ueber-uns/richtlinien.

Exklusivität immer begehrter

Ein zu beobachtender Trend ist, dass besonders exklusive Fleischsorten immer gefragter werden. Das Maß aller Dinge bei Rindern ist das Fleisch vom sogenannten Kobe-Rind. Hierbei handelt es sich um Tiere der Rasse Wagyu, die ganz speziell aufgezogen und gehalten werden. Sie stammen ausschließlich aus der japanischen Region Kobe, und klassische Musik, tägliche Massagen und Bier gehören zum Alltag dieser Rinder. Das Fleisch zeichnet sich durch eine einzigartige Zartheit, eine perfekte Fettmarmorierung und einen würzigen Geschmack aus und rechtfertigt damit für viele den immensen Preis von 350–600 €/kg. Außerhalb dieser Region sind die „nur" als Wagyu-Rinder bezeichneten Tiere natürlich eine ansprechende Alternative, ebenso wie das Irish Ox, die Black-Angus-Rinder oder die Charolais-Rinder aus dem Burgund.

Bei Schweinefleisch ist das spanische Iberico-Schwein die bekannteste „Exklusivzüchtung". Durch langsames Wachstum und der speziellen Ernährung mit Eicheln erhält das Fleisch sein typisch nussiges Aroma und seine hervorragende Fettmarmorierung. Auch die Schweinerasse Duroc oder das Porc Fermier versprechen ausgezeichnetes Fleisch.

Perfekt für den Alltag

Geflügelfleisch wird immer beliebter und häufiger konsumiert. Kein Wunder, denn Hähnchenbrustfilet hat viele positive Aspekte und ist bei 1 SmartPoint pro 100 g ideal für jedes Punktebudget. Durch den hohen Anteil an hochwertigem Eiweiß und einen geringen Fettgehalt passt es hervorragend in das neue Feel Good Programm. Außerdem stellt das „weiße" Geflügelfleisch eine geschmackvolle und vielseitig einsetzbare Alternative zu „rotem" Fleisch dar, welches nach neuesten wissenschaftlichen Erkenntnissen der WHO nur in Maßen konsumiert werden sollte. Zudem spart man beim Verzehr von Hähnchenbrustfilet im Vergleich zu Rinderfilet die Hälfte der SmartPoints.

Wer auf höchste Qualität bei Geflügelfleisch Wert legt, sollte Fleisch mit dem Gütesiegel Label Rouge kaufen. Dieses verspricht bäuerliche Haltung im Freien und Wohlergehen der Tiere sowie extrem strenge und lückenlose Überwachung der Produktion.

Natürlich muss bei Geflügelfleisch wegen der Salmonellengefahr immer auf den richtigen Umgang mit diesem Fleisch geachtet werden. Und auch hier gilt: Gute Qualität zahlt sich aus!

Alles mit Hackfleisch

Cannelloni mit Karotten-Tomaten-Sauce

11 SmartPoints Wert

fertig in: 60 Minuten | davon aktiv: 25 Minuten
596 kcal | 2497 kJ

Karotten schälen, Apfel waschen, vierteln und entkernen. Karotten und Apfelviertel grob raspeln. Für den Salat Apfel- und die Hälfte der Karottenraspel vermengen, mit Zitronensaft beträufeln und mit Salz und Pfeffer abschmecken.

Zwiebel schälen und in feine Würfel schneiden. Knoblauch pressen. Tomate waschen und in Scheiben schneiden. Backofen auf 220° C (Gas: Stufe 4, Umluft: 200° C) vorheizen.

Öl in einer Pfanne auf mittlerer bis hoher Stufe erhitzen und Knoblauch und die Hälfte der Zwiebelwürfel darin kurz anbraten. Restliche Karottenraspel und stückige Tomaten zufügen, mit Salz und Pfeffer würzen, mit Basilikum, Parmesan und Zucker verfeinern und kurz aufkochen. Die Hälfte der Tomatensauce in eine Auflaufform (ca. 20 x 25 cm) geben.

Tatar mit restlichen Zwiebelwürfeln und Eigelb verkneten und mit Salz, Pfeffer und Tabasco würzen. Cannelloni mit Tatarmasse füllen und auf die Tomatensauce legen. Restliche Sauce über die Cannelloni geben, mit Tomatenscheiben belegen und mit Käse bestreuen. Cannelloni im Backofen auf mittlerer Schiene ca. 30–35 Minuten backen und mit Karotten-Apfel-Salat servieren.

Für 2 Personen:

5 Karotten
1 Apfel
2 TL Zitronensaft
Salz, Pfeffer
1 Zwiebel
1 Knoblauchzehe
1 Tomate
1 TL Olivenöl
400 g stückige Tomaten (Konserve)
1 TL gehacktes Basilikum
3 EL geriebener Parmesan
1 Prise Zucker
200 g Tatar
1 Eigelb
1 Spritzer Tabasco
6 trockene Cannelloni
60 g geriebener Gouda, 30 % Fett i. Tr.

← Würzige Peperoni-Paprika-Pfanne

7 SmartPoints Wert

fertig in: 25 Minuten | davon aktiv: 15 Minuten
laktosefrei | glutenfrei
378 kcal | 1581 kJ

Reis nach Packungsanweisung in Salzwasser garen. Zwiebel schälen und in Würfel schneiden, Knoblauch pressen. Paprika waschen, entkernen und in Streifen schneiden. Peperoni in Ringe schneiden.

Öl in einer Pfanne auf mittlerer bis hoher Stufe erhitzen und Tatar mit Zwiebelwürfeln, Knoblauch, Paprikastreifen und Peperoniringen anbraten. Mit Peperonisud und Tomatensaft ablöschen und ca. 10 Minuten köcheln lassen. Peperoni-Paprika-Pfanne mit Salz, Pfeffer und Paprikapulver würzen, mit Petersilie bestreuen und mit Reis servieren.

Für 2 Personen:

- 100 g trockener Langkornreis
- Salz, Pfeffer
- 1 kleine Zwiebel
- 1 kleine Knoblauchzehe
- 3 rote Paprika
- 4 eingelegte grüne Peperoni
- 1 TL Rapsöl
- 100 g Tatar
- 2 EL Peperonisud
- 150 ml Tomatensaft
- 1/2 TL Paprikapulver
- 1 EL gehackte Petersilie

Bulguraufla uf mit Zucchini und Lauch

10 SmartPoints Wert

fertig in: 45 Minuten | davon aktiv: 20 Minuten
528 kcal | 2211 kJ

Lauch waschen und in Ringe schneiden. Zucchini waschen, längs halbieren und in Scheiben schneiden. Öl in einer Pfanne auf hoher Stufe erhitzen und Hackfleisch darin krümelig anbraten. Tomatenmark, Lauchringe und Zucchinischeiben zugeben und ca. 5 Minuten mitbraten.

Bulgur zur Hackfleisch-Gemüse-Mischung geben und mit Salz, Pfeffer, Chilipulver und Kreuzkümmel würzen. Mit Brühe ablöschen, aufkochen und ca. 10 Minuten köcheln lassen. Backofen auf 180° C (Gas: Stufe 2, Umluft: 160° C) vorheizen.

Für den Guss Frischkäse mit Ei verquirlen und mit Salz und Pfeffer würzen. Bulgur-Hack-Masse in eine Auflaufform (ca. 15 x 20 cm) geben, Guss darübergeben und im Backofen auf mittlerer Schiene ca. 20 Minuten backen. Bulgurauflauf servieren.

Für 1 Person:

- 1 Stange Lauch (ca. 150 g)
- 1 Zucchini (ca. 200 g)
- 1 TL Olivenöl
- 120 g Geflügelhackfleisch (aus Geflügelbrustfilet)
- 1 TL Tomatenmark
- 40 g trockener Bulgur
- Salz, Pfeffer
- 1 Prise Chilipulver
- 1/4 TL Kreuzkümmel
- 225 ml Gemüsebrühe (1 TL Instantpulver)
- 3 EL Frischkäse, bis 1 % Fett absolut
- 1 Ei

Chinakohlrouladen mit Kerbelsauce

10 SmartPoints Wert

fertig in: 60 Minuten | davon aktiv: 45 Minuten
519 kcal | 2173 kJ

Brötchen würfeln, in 100 ml Brühe ca. 5 Minuten einweichen und ausdrücken. Zwiebeln schälen und würfeln. Öl in einem Topf auf hoher Stufe erhitzen, Zwiebelwürfel mit Hackfleisch darin krümelig anbraten und mit Salz, Pfeffer und Paprikapulver würzen. Hackfleisch leicht auskühlen lassen und mit Brötchen, Ei und Tomatenmark verkneten.

Chinakohl waschen und Boden samt Strunk entfernen. 8 äußere Blätter abtrennen und die dicken Blattrippen flacher schneiden. Hackfleischmasse zu 8 Rollen formen, auf die Chinakohlblätter legen, zu Rouladen aufrollen und mit Küchengarn fixieren. Kohlrouladen im Bratensatz ca. 5 Minuten rundherum anbraten, mit restlicher Brühe ablöschen und mit Deckel ca. 15–20 Minuten schmoren lassen. Reis nach Packungsanweisung in Salzwasser garen.

Für den Salat restlichen Chinakohl in Streifen schneiden. Birnen waschen, vierteln, entkernen und in dünne Spalten schneiden. Für das Dressing Buttermilch mit Zitronensaft verquirlen, mit Salz würzen und mit Zucker verfeinern. Kresse vom Beet schneiden und mit Chinakohlstreifen und Birnenspalten unter das Dressing mischen.

Chinakohlrouladen herausnehmen. Für die Kerbelsauce Kerbel und Frischkäse zur Brühe geben und pürieren. Schnittlauch zugeben und mit Salz und Pfeffer abschmecken. Chinakohlrouladen mit Reis, Sauce und Salat servieren.

Für 4 Personen:

1 Weizenbrötchen vom Vortag
300 ml Gemüsebrühe (1 TL Instantpulver)
2 rote Zwiebeln
1 EL Rapsöl
400 g Geflügelhackfleisch (aus Geflügelbrustfilet)
Salz, Pfeffer
1 TL Paprikapulver
1 Ei
1 EL Tomatenmark
1 großer Chinakohl
200 g trockener Langkornreis
2 Birnen
200 ml Buttermilch
2 EL Zitronensaft
1 Prise Zucker
1 Beet Kresse
4 EL gehackter Kerbel
100 g Frischkäse, bis 1 % Fett absolut
2 EL Schnittlauchringe

Auberginen-Hackbällchen-Spieße aus dem Ofen

10 SmartPoints Wert

fertig in: 50 Minuten | davon aktiv: 45 Minuten
525 kcal | 2198 kJ

Für die Marinade Brühe mit 4 EL Essig, Salz, Pfeffer und Paprikapulver verrühren. Auberginen waschen, in große Würfel schneiden, mit Marinade vermischen und ca. 10 Minuten ziehen lassen. Backofen auf 200° C (Gas: Stufe 3, Umluft: 180° C) vorheizen.

Tatar mit Eiern, Quark, Kräutern, Salz und Pfeffer verkneten und zu 24 kleinen Bällchen formen. Tatarbällchen und Auberginenwürfel abwechselnd auf 8 lange Spieße stecken, auf ein mit Backpapier ausgelegtes Backblech legen und im Backofen auf mittlerer Schiene ca. 20 Minuten garen.

Für die Salsa Tomaten waschen, Zwiebel schälen und beides fein würfeln. Öl in einem Topf auf mittlerer Stufe erhitzen und Tomaten- und Zwiebelwürfel darin ca. 4–5 Minuten andünsten. Couscous nach Packungsanweisung in Salzwasser garen.

Tomaten-Zwiebel-Mischung mit restlichem Essig ablöschen, mit Thymian verfeinern und mit Salz und Pfeffer abschmecken. Couscous mit Basilikum vermischen und zu Auberginen-Hackbällchen-Spießen und Salsa servieren.

Für 4 Personen:

150 ml Gemüsebrühe (1 TL Instantpulver)
6 EL Weißweinessig
Salz, Pfeffer
2 TL Paprikapulver
4 Auberginen (à ca. 200 g)
600 g Tatar
2 Eier
2 EL Magerquark
4 EL Kräuter der Provence
6 Tomaten
1 Zwiebel
4 TL Rapsöl
200 g trockener Couscous
2 TL gehackter Thymian
2 EL gehacktes Basilikum

Gefüllte Zucchini mit Kräutercreme

8 SmartPoints Wert

fertig in: 45 Minuten | davon aktiv: 25 Minuten
385 kcal | 1614 kJ

Für 2 Personen:

- **60 g trockener Langkornreis**
- **Salz, Pfeffer**
- **2 Zucchini**
- **1 Zwiebel**
- **1 Knoblauchzehe**
- **2 EL saure Sahne**
- **1 TL 8-Kräuter-Mischung**
- **2 TL Olivenöl**
- **200 g Tatar**
- **2 TL Tomatenmark**
- **250 g stückige Tomaten (Konserve)**
- **50 ml Gemüsebrühe (2 Prisen Instantpulver)**
- **1 EL geriebener Parmesan**

Backofen auf 220° C (Gas: Stufe 4, Umluft: 200° C) vorheizen. Reis nach Packungsanweisung in Salzwasser garen. Zucchini waschen, längs halbieren und mit einem Teelöffel aushöhlen, dabei einen ca. 1 cm breiten Rand stehen lassen. Zwiebel schälen und in Würfel schneiden. Knoblauch pressen. Für die Creme saure Sahne mit Kräutern verrühren und mit Salz und Pfeffer würzen.

Öl in einer Pfanne auf hoher Stufe erhitzen, Tatar, Zwiebelwürfel und Knoblauch darin ca. 2–3 Minuten krümelig braten und mit Salz und Pfeffer würzen. Tomatenmark zufügen, kurz anschwitzen, mit Tomaten und Brühe ablöschen, aufkochen lassen und Reis unterheben.

Zucchinihälften in eine Auflaufform (ca. 24 x 34 cm) setzen und mit Reis-Tatar-Masse füllen. Mit Salz und Pfeffer würzen und mit Parmesan bestreuen. Gefüllte Zucchini im Backofen auf mittlerer Schiene ca. 15–20 Minuten garen und mit Kräutercreme servieren.

Alles mit
Hackfleisch

Königsberger Klopse mit Rote-Bete-Sauce

9 SmartPoints Wert

fertig in: 35 Minuten | davon aktiv: 35 Minuten
448 kcal | 1874 kJ

Reis nach Packungsanweisung in Salzwasser garen. Zwiebel schälen und würfeln. Tatar mit Eigelb, Paniermehl und Zwiebelwürfeln verkneten. Mit Salz und Pfeffer würzen und zu 8 kleinen Bällchen formen.

Brühe in einem Topf erhitzen, Lorbeerblatt und Zitronensaft zufügen und Bällchen darin mit Deckel ca. 15 Minuten gar ziehen lassen. Margarine in einer Pfanne auf mittlerer Stufe erhitzen, Kapern zufügen, mit Mehl bestäuben und unter Rühren anschwitzen. Crème légère einrühren, mit Salz und Pfeffer würzen und ca. 5 Minuten köcheln lassen.

Klopse abgießen, Garwasser auffangen und 2 EL zur Sauce geben. Sauce mit Zucker verfeinern und weitere ca. 5 Minuten köcheln lassen. Rote Bete fein würfeln, zur Sauce geben und kurz erwärmen. Königsberger Klopse mit Rote-Bete-Sauce und Reis servieren.

Für 2 Personen:

60 g trockener Langkornreis
Salz, Pfeffer
1 Zwiebel
200 g Tatar
1 Eigelb
2 EL Paniermehl
500 ml Gemüsebrühe (2 TL Instantpulver)
1 Lorbeerblatt
1 TL Zitronensaft
1 EL Halbfettmargarine
1 TL Kapern
1 TL Mehl
3 EL Crème légère
1 Prise Zucker
1 Glas Rote Bete (220 g Abtropfgewicht)

Wenn du keine Rote Bete magst, probiere die Weight Watchers Königsberger Klopse mit Kapernsauce. Mit 11 SmartPoints sind sie ebenfalls eine leichte Alternative.

Bunter Süßkartoffeleintopf

9 SmartPoints Wert

fertig in: 40 Minuten | davon aktiv: 25 Minuten
426 kcal | 1786 kJ

Zucchini waschen, Süßkartoffeln, Kartoffeln und Zwiebeln schälen und alles in Würfel schneiden. Ingwer schälen und reiben. Öl in einem Topf auf hoher Stufe erhitzen, Hackfleisch darin krümelig anbraten und mit Salz und Pfeffer würzen.

Zwiebel-, Kartoffelwürfel und Ingwer dazugeben, ca. 2 Minuten anbraten, mit Brühe ablöschen und ca. 10 Minuten köcheln lassen. Zucchini- und Süßkartoffelwürfel hinzufügen und weitere ca. 10 Minuten garen.

Eintopf mit Currypulver verfeinern und mit Salz und Pfeffer abschmecken. Süßkartoffeleintopf mit Joghurt garniert servieren.

Für 4 Personen:

- **5 Zucchini**
- **500 g Süßkartoffeln**
- **300 g mehligkochende Kartoffeln**
- **2 Zwiebeln**
- **1 Stück Ingwer (ca. 2 cm)**
- **2 TL Rapsöl**
- **500 g Geflügelhackfleisch (aus Geflügelbrustfilet)**
- **Salz, Pfeffer**
- **850 ml Gemüsebrühe (3 TL Instantpulver)**
- **2 TL Currypulver**
- **4 EL fettarmer Joghurt**

Hackbällchen-Gemüse-Spieße

8 SmartPoints Wert

fertig in: 30 Minuten | davon aktiv: 30 Minuten
435 kcal | 1821 kJ

Reis nach Packungsanweisung in Brühe garen und 1 TL Kräuter zufügen. Paprika und Zucchini waschen, Champignons trocken abreiben und halbieren. Zucchini in Scheiben schneiden. Paprika entkernen und in mundgerechte Stücke schneiden. Schalotten schälen und in Spalten schneiden. Tatar mit 1 TL Senf und restlichen Kräutern verkneten. Mit Salz und Pfeffer würzen. Tatarmasse zu 12 kleinen Bällchen formen. Gemüse und Hackbällchen auf 4 Spieße stecken.

Öl in einer Pfanne auf hoher Stufe erhitzen, Spieße darin ca. 6–8 Minuten rundherum braten und mit Salz und Pfeffer würzen. Für den Dip Quark mit Joghurt, restlichem Senf, Salz und Pfeffer verrühren. Hackbällchen-Gemüse-Spieße mit Joghurt-Senf-Dip und Reis servieren.

Für 2 Personen:

- **60 g trockener Langkornreis**
- **125 ml Gemüsebrühe (1/2 TL Instantpulver)**
- **2 TL italienische Kräuter**
- **1 gelbe Paprika**
- **1 Zucchini**
- **100 g Champignons**
- **2 Schalotten**
- **250 g Tatar**
- **3 TL Dijonsenf**
- **Salz, Pfeffer**
- **2 TL Rapsöl**
- **125 g Magerquark**
- **60 g Magermilchjoghurt**

Frikadellen mit Kartoffel-Endivien-Salat

7 SmartPoints Wert

fertig in: 50 Minuten | davon aktiv: 50 Minuten
409 kcal | 1714 kJ

Kartoffeln waschen und mit Schale in Salzwasser ca. 20 Minuten garen. Apfel waschen, vierteln, entkernen und mit Gurken in Würfel schneiden. Frühlingszwiebeln waschen und in Ringe schneiden. Endiviensalat waschen, trocken schleudern und in Streifen schneiden.

Hackfleisch mit Quark, Ei, Petersilie, 1/2 TL Salz und Pfeffer verkneten und zu 8 Frikadellen formen. Kartoffeln abgießen, pellen und in Scheiben schneiden. Für das Dressing Essig mit Gurkensud und Brühe verquirlen und mit Salz und Pfeffer würzen. Kartoffelscheiben mit Apfel-, Gurkenwürfeln und Frühlingszwiebelringen unter das Dressing mischen.

Öl in einer Pfanne auf mittlerer bis hoher Stufe erhitzen und die Frikadellen darin ca. 5–8 Minuten von jeder Seite braten. Endivienstreifen unter den Salat heben, mit Salz und Pfeffer abschmecken und mit Frikadellen servieren.

Für 4 Personen:

700 g festkochende Kartoffeln
Salz, Pfeffer
1 säuerlicher Apfel (z. B. Cox Orange)
2 Gewürzgurken
1 Bund Frühlingszwiebeln
1 kleiner Endiviensalat (ca. 300 g)
600 g Geflügelhackfleisch (aus Geflügelbrustfilet)
3 EL Magerquark
1 Ei
2 EL gehackte Petersilie
3 EL Weißweinessig
6 EL Gurkensud
100 ml Gemüsebrühe (1/2 TL Instantpulver)
4 TL Rapsöl

Spinatpide

11 SmartPoints Wert

fertig in: 65 Minuten | davon aktiv: 20 Minuten
461 kcal | 1932 kJ

Hefe zerbröckeln und in Wasser auflösen. Mehl in eine Schüssel geben, in die Mitte eine Vertiefung drücken und Hefemischung hineingießen. Mit etwas Mehl verrühren und Vorteig an einem warmen Ort zugedeckt ca. 15 Minuten gehen lassen.

1 TL Öl und 2 Prisen Salz dazugeben, zu einem glatten Teig verkneten und weitere ca. 15 Minuten gehen lassen. Schalotten schälen und in feine Ringe schneiden. Knoblauch pressen. Spinat waschen und trocken schleudern. Backofen auf 200° C (Gas: Stufe 3, Umluft: 180° C) vorheizen.

Restliches Öl in einer Pfanne auf hoher Stufe erhitzen, Hackfleisch mit Schalottenringen und Knoblauch darin krümelig anbraten und mit Salz und Pfeffer würzen. Spinat zufügen, zusammenfallen lassen und mit Brühe ablöschen. Mit Salz, Pfeffer und Muskatnuss würzen und ca. 5 Minuten sämig einkochen.

Ei verquirlen. Teig gut durchkneten, halbieren und auf einem mit Backpapier ausgelegten Backblech oval ausrollen. Spinat-Hackfleisch-Masse mittig darauf verteilen und die Längsseiten hochklappen. Teigenden zusammendrücken und mit Ei bestreichen. Schafskäse zerbröseln, Pide damit bestreuen und mit Salz und Pfeffer würzen. Spinatpide im Backofen auf mittlerer Schiene ca. 25 Minuten backen und servieren.

Für 2 Personen:

1/4 Würfel Hefe
75 ml lauwarmes Wasser
130 g Mehl
2 TL Olivenöl
Salz, Pfeffer
2 Schalotten
1 Knoblauchzehe
300 g Blattspinat
150 g Geflügelhackfleisch (aus Geflügelbrustfilet)
2 EL Gemüsebrühe (1 Prise Instantpulver)
1 Prise geriebene Muskatnuss
1 Ei
40 g Schafskäse, 25 % Fett i. Tr.

UPGRADE

Ersetze das Geflügelhackfleisch durch Lammhackfleisch. Berechne dafür 2 SmartPoints pro Person mehr.

Hackbraten mit Polentanocken

9 SmartPoints Wert

fertig in: 45 Minuten | davon aktiv: 25 Minuten
456 kcal | 1908 kJ

Backofen auf 200° C (Gas: Stufe 3, Umluft: 180° C) vorheizen. Schalotten schälen und in feine Spalten schneiden. Petersilie waschen, trocken schütteln und fein hacken. Toast in kaltem Wasser einweichen und ausdrücken.

Tatar mit Toast, Ei, 1 TL Senf, Tomatenmark und Petersilie verkneten und mit Salz und Pfeffer würzen. Tatarmasse in eine mit Backpapier ausgelegte Kastenform (Länge 30 cm) geben, mit restlichem Senf bestreichen und im Backofen auf mittlerer Schiene ca. 30–35 Minuten garen.

Milch und 500 ml Brühe aufkochen und Maisgrieß einrühren. Von der Herdplatte nehmen und Polenta ca. 15 Minuten mit Deckel quellen lassen. Broccoli in Röschen teilen und in Salzwasser ca. 5–7 Minuten garen.

Für die Sauce Öl in einer Pfanne auf mittlerer Stufe erhitzen und Schalottenspalten darin ca. 2–3 Minuten braten. Mit Essig und restlicher Brühe ablöschen, Thymian und Honig zufügen, ca. 5 Minuten einkochen lassen und mit Salz und Pfeffer würzen. Mithilfe von zwei Esslöffeln Nocken aus der Polenta formen und mit Broccoli und Sauce zum Hackbraten servieren.

Für 4 Personen:

2 Schalotten
1 Bund Petersilie
2 kleine Scheiben Toast
500 g Tatar
1 Ei
2 TL Senf
2 TL Tomatenmark
Salz, Pfeffer
150 ml fettarme Milch
600 ml Gemüsebrühe (2 TL Instantpulver)
160 g trockener Maisgrieß (Polenta)
500 g Broccoli
1 TL Rapsöl
4 EL dunkler Balsamicoessig
1 TL gehackter Thymian
2 TL Honig

Cheeseburger mit Salat

12 SmartPoints Wert

fertig in: 30 Minuten | davon aktiv: 25 Minuten
490 kcal | 2053 kJ

Für 2 Personen:

- 4–6 Blätter Kopfsalat
- 1 rote Zwiebel
- 1/4 Salatgurke
- je 2 rote und gelbe Tomaten
- 200 g Tatar
- 1 Eigelb
- 1 EL Paniermehl
- Salz, Pfeffer
- 4 EL kalorienreduzierter Ketchup
- 1 EL Frischkäse, bis 1 % Fett absolut
- 1 TL Dijonsenf
- 2 TL Rapsöl
- 2 kleine Hamburger-Brötchen
- 2 Scheiben Schmelzkäse, 25 % Fett i. Tr.
- 1 EL dunkler Balsamicoessig

Salatblätter waschen und trocken schleudern. Zwiebel schälen und in Ringe schneiden. Gurke und Tomaten waschen und in Scheiben schneiden. Tatar mit Eigelb und Paniermehl verkneten, mit Salz und Pfeffer würzen und zu 2 flachen Patties formen. Für die Sauce Ketchup mit Frischkäse und Senf verrühren und mit Salz und Pfeffer abschmecken.

1 TL Öl in einer Pfanne auf mittlerer bis hoher Stufe erhitzen, Patties darin ca. 4–5 Minuten von jeder Seite braten und herausnehmen. Brötchen leicht rösten und aufschneiden. Untere Brötchenhälften jeweils mit etwas Salat, einigen Tomaten- und Gurkenscheiben, Zwiebelringen, Patty und 1 Scheibe Käse belegen und mit Sauce beträufeln. Mit oberen Brötchenhälften abdecken.

Für den Salat restliche Tomaten- und Gurkenscheiben vermengen. Für das Dressing Essig und restliches Öl verrühren und mit Salz und Pfeffer würzen. Salat damit beträufeln. Cheeseburger mit Salat servieren.

UPGRADE

Für das besondere Burgererlebnis verwende für den Patty Wagyu Beef. Wagyu bedeutet übersetzt „japanisches Rind“. Durch seine spezielle Maserung ist das Fleisch sehr zart. Der SmartPoints Wert erhöht sich auf 13.

Asiatische Hackbällchenpfanne

12 SmartPoints Wert

fertig in: 55 Minuten | davon aktiv: 30 Minuten
glutenfrei
574 kcal | 2402 kJ

Ingwer schälen und reiben. Tatar mit Quark, Eiern, Ingwer, Koriander, Salz und Pfeffer verkneten und zu 24 Hackbällchen formen. Reis nach Packungsanweisung in Salzwasser garen.

Öl portionsweise in einer Pfanne auf mittlerer bis hoher Stufe erhitzen, Hackbällchen darin ca. 5–7 Minuten rundherum anbraten und herausnehmen. Pfannengemüse im Bratensatz ca. 2–3 Minuten mitbraten und mit Tomatensaft ablöschen. Mit Salz und Sambal Oelek würzen, Hackbällchen dazugeben und ca. 10 Minuten köcheln lassen. Asiatische Hackbällchenpfanne mit Salz abschmecken und mit Reis servieren.

Für 4 Personen:

- **1 Stück Ingwer (ca. 2 cm)**
- **500 g Tatar**
- **150 g Magerquark**
- **2 Eier**
- **4 TL gehackter Koriander**
- **Salz, Pfeffer**
- **200 g trockener Basmatireis**
- **4 TL Rapsöl**
- **1 kg asiatisches Pfannengemüse (TK)**
- **700 ml Tomatensaft**
- **1 TL Sambal Oelek**

Türkische Pizza mit Schafskäse

12 SmartPoints Wert

fertig in: 50 Minuten | davon aktiv: 20 Minuten
524 kcal | 2195 kJ

Für 2 Personen:

- 1/2 Würfel Hefe
- 100 ml lauwarmes Wasser
- 180 g Mehl
- 2 TL Olivenöl
- Salz, Pfeffer
- 1 kleine Knoblauchzehe
- 1/2 Bund Frühlingszwiebeln
- 1 kleine rote Chilischote
- 100 g Lammhackfleisch (aus Lammfilet)
- 1 EL Tomatenmark
- 200 g passierte Tomaten (Konserve)
- 1 TL Paprikapulver
- 2 Tomaten
- 1 grüne Paprika
- 20 g Schafskäse, 25 % Fett i. Tr.

Hefe zerbröckeln und in Wasser auflösen. Mehl mit Hefemischung in eine Schüssel geben, etwas verrühren und zugedeckt ca. 15 Minuten gehen lassen. 1 TL Öl und 1/2 TL Salz dazugeben, zu einem glatten Teig verkneten und weitere ca. 15 Minuten gehen lassen. Knoblauch pressen, Frühlingszwiebeln und Chilischote waschen, Chilischote entkernen und beides in Ringe schneiden.

Restliches Öl in einer Pfanne auf hoher Stufe erhitzen und Hackfleisch, Knoblauch, die Hälfte der Frühlingszwiebel- und Chiliringe darin anbraten. Tomatenmark und passierte Tomaten zufügen und einkochen lassen. Mit Salz, Pfeffer und Paprikapulver würzen. Backofen auf 200° C (Gas: Stufe 3, Umluft: 180° C) vorheizen. Teig durchkneten, halbieren und auf einem mit Backpapier ausgelegten Backblech ausrollen. Jede Pizza mit Hackfleisch-Tomaten-Sauce bestreichen und auf mittlerer Schiene ca. 15 Minuten backen. Tomaten und Paprika waschen. Tomaten in Scheiben schneiden, Paprika entkernen und in kleine Stücke schneiden. Schafskäse würfeln. Türkische Pizza mit Gemüse und Schafskäsewürfeln belegt servieren.

Ofenpfannkuchen mit Tatar

5 SmartPoints Wert

fertig in: 50 Minuten | davon aktiv: 30 Minuten
232 kcal | 973 kJ

Backofen auf 160° C (Gas: Stufe 1, Umluft: 140° C) vorheizen. Für den Teig Mehl, Eier und Milch glatt rühren. Mit Salz und Pfeffer würzen und ca. 10 Minuten quellen lassen. Mineralwasser unterrühren und den Teig in eine mit Backpapier ausgelegte Fettpfanne gießen. Im Backofen auf mittlerer Schiene ca. 10 Minuten vorbacken.

Frühlingszwiebeln und Paprika waschen. Paprika entkernen und in kleine Würfel, Frühlingszwiebeln in Ringe schneiden. Zwiebel schälen, fein würfeln und Knoblauch hacken. Öl in einer Pfanne auf hoher Stufe erhitzen und Tatar darin krümelig anbraten.

Zwiebelwürfel, Knoblauch, Tomatenmark und Oregano dazugeben und ca. 2–4 Minuten mitbraten. Stückige Tomaten dazugeben, mit Salz und Pfeffer würzen und mit Zucker verfeinern. Tatarmischung ca. 10 Minuten köcheln und etwas abkühlen lassen.

Tatarmischung auf den vorgebackenen Pfannkuchenteig geben und im Backofen weitere ca. 15 Minuten backen. Mit Paprikawürfeln und Frühlingszwiebelringen bestreuen und Ofenpfannkuchen nach Wunsch mit Thymian garniert servieren.

Für 8 Stücke:

- **125 g Mehl**
- **5 Eier**
- **125 ml fettarme Milch**
- **Salz, Pfeffer**
- **100 ml Mineralwasser**
- **3 Frühlingszwiebeln**
- **je 1 rote und gelbe Paprika**
- **1 Zwiebel**
- **1 Knoblauchzehe**
- **1 TL Rapsöl**
- **500 g Tatar**
- **2 EL Tomatenmark**
- **1 TL gehackter Oregano**
- **400 g stückige Tomaten (Konserve)**
- **1 Prise Zucker**

UPGRADE

Für mehr Schärfe würze den Ofenpfannkuchen mit einer roten Chilischote. Wenn du die Chilischote im Vorfeld einfrierst, kannst du sie anschließend ganz einfach in den Teig reiben.

Info

Tomatensaucen schmecken besonders vollmundig, wenn sie mit einer Prise Zucker oder, wie in diesem Rezept, mit Zuckerrübensirup verfeinert werden.

Italienische Tortellonipfanne

11 SmartPoints Wert

fertig in: 20 Minuten | davon aktiv: 20 Minuten
einfrieren
489 kcal | 2045 kJ

Für 2 Personen:

- 1 Zwiebel
- 1 Knoblauchzehe
- einige Stängel Basilikum
- 2 TL Rapsöl
- 200 g Tatar
- 500 g stückige Tomaten (Konserve)
- Salz, Pfeffer
- 2 TL Paprikapulver
- 1 TL Zuckerrübensirup
- 150 g Cocktailtomaten
- 250 g frische Tortelloni mit Spinat-Ricotta-Füllung (Frischprodukt)

Zwiebel schälen und mit Knoblauch fein würfeln. Basilikum waschen, trocken schütteln, Blätter abzupfen und hacken.

Öl in einer Pfanne auf hoher Stufe erhitzen und Tatar darin krümelig anbraten. Zwiebel- und Knoblauchwürfel dazugeben und kurz mitbraten. Mit stückigen Tomaten ablöschen, mit Salz, Pfeffer, Paprikapulver und Zuckerrübensirup würzen und ca. 5 Minuten köcheln lassen. Cocktailtomaten waschen und halbieren.

Tortelloni und Cocktailtomatenhälften unterheben und ca. 2–3 Minuten erwärmen. Tortellonipfanne mit Salz und Pfeffer abschmecken und mit Basilikum garniert servieren.

Köttbullar in Preiselbeer-Rahm-Sauce

12 SmartPoints Wert

fertig in: 30 Minuten | davon aktiv: 20 Minuten
504 kcal | 2111 kJ

Für 2 Personen:

- 1 kleiner Kohlrabi
- 200 g Romanescoröschen
- Salz, Pfeffer
- 80 g trockene Spiralnudeln
- 250 g Tatar
- 1 TL Dijonsenf
- 1 Eigelb
- 1 TL Paniermehl
- 2 TL Schnittlauchringe
- 2 TL Rapsöl
- 1 Schalotte
- 150 ml Gemüsebrühe (1/2 TL Instantpulver)
- 60 ml Cremefine zum Kochen, 7 % Fett
- 1/2 TL gehackter Thymian
- 1 TL heller Saucenbinder
- 1 EL Preiselbeeren (Konserve)

Kohlrabi schälen, vierteln und in Stifte schneiden. Romanescoröschen und Kohlrabistifte in Salzwasser ca. 10 Minuten garen. Nudeln ebenfalls in Salzwasser nach Packungsanweisung garen. Tatar mit Senf, Eigelb, Paniermehl und 1 TL Schnittlauch verkneten, mit Salz und Pfeffer würzen und zu 8 kleinen Bällchen formen.

Öl in einer Pfanne auf mittlerer bis hoher Stufe erhitzen, Tatarbällchen darin ca. 10 Minuten rundherum braten und herausnehmen. Schalotte schälen, in Ringe schneiden, im Bratensatz ca. 2 Minuten braten, mit Brühe ablöschen, mit Cremefine verfeinern und mit Salz, Pfeffer und Thymian würzen. Saucenbinder einrühren und kurz aufkochen.

Tatarbällchen dazugeben und kurz erwärmen. Preiselbeeren und restlichen Schnittlauch zufügen. Romanesco, Kohlrabi und Nudeln abgießen und zusammen mit Köttbullar servieren.

Alles mit
Hackfleisch

Herzhafter Spätzleauflauf mit Rosenkohl

12 SmartPoints Wert

fertig in: 55 Minuten | davon aktiv: 30 Minuten
einfrieren
554 kcal | 2321 kJ

Für 2 Personen:

- **500 g Rosenkohl**
- **Salz, Pfeffer**
- **3 Eier**
- **125 ml entrahmte Milch**
- **3 EL Gemüsebrühe (2 Prisen Instantpulver)**
- **2 EL Kochkäse, Magerstufe**
- **1 EL gehackte Petersilie**
- **1 Msp. geriebene Muskatnuss**
- **1 Zwiebel**
- **1 TL Rapsöl**
- **150 g Tatar**
- **200 g Spätzle (Frischprodukt)**

Rosenkohl putzen, gegebenenfalls halbieren und Stielansätze kreuzweise einschneiden. Rosenkohl in kochendem Salzwasser ca. 10–12 Minuten vorgaren. Eier mit Milch, Brühe und Kochkäse pürieren, mit Petersilie verfeinern und mit Salz, Pfeffer und Muskatnuss würzen. Zwiebel schälen und würfeln.

Backofen auf 200° C (Gas: Stufe 3, Umluft: 180° C) vorheizen. Öl in einer Pfanne auf hoher Stufe erhitzen, Tatar mit Zwiebelwürfeln darin krümelig anbraten und mit Salz und Pfeffer würzen. Rosenkohl abgießen, dazugeben und kurz mitbraten.

Rosenkohl-Tatar-Mischung mit Spätzle in einer Auflaufform (ca. 18 x 20 cm) vermischen und Eiermilch darübergießen. Spätzleauflauf im Backofen auf mittlerer Schiene ca. 25 Minuten backen und servieren.

Info

Damit es schneller geht, kannst du auch TK-Rosenkohl verwenden. Dieser ist oft schon geputzt, kann unaufgetaut gegart werden und benötigt meist keine zusätzliche Kochzeit im Vergleich zu frischem.

Gefüllte Kartoffeln mit Gurken-Kresse-Salat

8 SmartPoints Wert

fertig in: 60 Minuten | davon aktiv: 30 Minuten
423 kcal | 1773 kJ

Für 2 Personen:

- 2 Ofenkartoffeln (à 200 g)
- 1 Knoblauchzehe
- 1 Zwiebel
- 1 Kohlrabi
- Salz, Pfeffer
- 2 TL Rapsöl
- 200 g Tatar
- 1 TL Tomatenmark
- 100 ml Gemüsebrühe (1/2 TL Instantpulver)
- 100 g Frischkäse, bis 1 % Fett absolut
- 1 TL Dijonsenf
- 1 Salatgurke
- 1/2 Beet Kresse
- 2 TL heller Balsamicoessig
- 1 Prise Zucker

Backofen auf 220° C (Gas: Stufe 4, Umluft: 200° C) vorheizen. Kartoffeln waschen, in Alufolie wickeln und im Backofen auf mittlerer Schiene ca. 40 Minuten backen. Knoblauch pressen. Zwiebel schälen und in feine Würfel schneiden. Kohlrabi schälen, vierteln und in Würfel schneiden. Kohlrabiwürfel in Salzwasser ca. 8 Minuten vorgaren und abgießen.

Öl in einer Pfanne auf hoher Stufe erhitzen, Tatar mit Knoblauch und Zwiebelwürfeln darin krümelig anbraten und mit Salz und Pfeffer würzen. Kohlrabiwürfel und Tomatenmark zufügen, kurz mitbraten und mit Brühe ablöschen. Mit Frischkäse und Senf verfeinern und mit Salz und Pfeffer würzen.

Gegarte Kartoffeln halbieren und aushöhlen. Kartoffelmasse fein würfeln und zur Tatar-Kohlrabi-Masse geben. Kartoffelhälften in eine Auflaufform (ca. 20 x 25 cm) setzen, mit Tatar-Kohlrabi-Masse füllen und im Backofen auf mittlerer Schiene ca. 10 Minuten backen.

Gurke waschen, in Scheiben schneiden oder hobeln. Kresse vom Beet schneiden und mit Gurkenscheiben mischen. Für das Dressing Essig mit Zucker verrühren, mit Salz und Pfeffer würzen und unter den Salat heben. Gefüllte Kartoffeln mit Gurken-Kresse-Salat servieren.

Raffinierte Geflügelküche

Puten-Piccata mit Tomaten-Rucola-Spaghetti

12 SmartPoints Wert

fertig in: 30 Minuten | davon aktiv: 30 Minuten
532 kcal | 2226 kJ

Für 2 Personen:

- 2 EL geriebener Parmesan
- 1 Ei
- 1 EL entrahmte Milch
- Salz, Pfeffer
- 2 Putenschnitzel (à 100 g)
- 2 Schalotten
- 1 Bund Basilikum
- 3 TL Rapsöl
- 400 g passierte Tomaten (Konserve)
- 1 EL dunkler Balsamicoessig
- 1 TL Honig
- 100 g trockene Spaghetti
- 100 g Rucola
- 1 TL Speisestärke

Parmesan, Ei und Milch verquirlen und mit Salz und Pfeffer würzen. Putenschnitzel abspülen, trocken tupfen und halbieren. Schalotten schälen und würfeln. Basilikum waschen, trocken schütteln und hacken.

1 TL Öl in einem Topf auf mittlerer Stufe erhitzen und Schalottenwürfel darin ca. 2–3 Minuten anschwitzen. Mit passierten Tomaten ablöschen, Essig, Honig und Basilikum zugeben und ca. 10 Minuten einkochen lassen.

Nudeln nach Packungsanweisung in Salzwasser garen. Rucola waschen und trocken schleudern. Putenschnitzel mit Stärke bestäuben und in Ei-Parmesan-Masse wenden.

Restliches Öl in einer Pfanne auf hoher Stufe erhitzen und Schnitzel darin ca. 3 Minuten von jeder Seite braten. Nudeln abgießen. Sauce mit Salz und Pfeffer abschmecken und Nudeln mit Rucola unterheben. Puten-Piccata mit Tomaten-Rucola-Spaghetti servieren.

Info

Piccata ist ein Begriff aus der italienischen Küche und steht für ein kleines paniertes Stück Fleisch.

Gyros mit Ofenpommes und Zaziki

9 SmartPoints Wert

fertig in: 60 Minuten | davon aktiv: 60 Minuten
479 kcal | 2008 kJ

Für 4 Personen:

- 1 kleiner Weißkohl (ca. 800 g)
- Salz, Pfeffer
- 3 EL Apfelessig
- 2 EL Zitronensaft
- 1 TL Honig
- 800 g festkochende Kartoffeln
- 4 TL Olivenöl
- 600 g Putenschnitzel
- 1–2 TL Gyrosgewürz
- 1 Salatgurke
- 150 g fettarmer Joghurt
- 250 g Magerquark
- 1 Knoblauchzehe
- 1 TL gehackter Dill
- 1/2 TL Paprikapulver

Für den Krautsalat Weißkohl putzen, vierteln, den Strunk entfernen und Kohl in feine Streifen schneiden oder hobeln. Kohlstreifen mit 1 TL Salz ca. 10 Minuten verkneten. Essig, Zitronensaft und Honig untermischen, mit Pfeffer würzen und ca. 45 Minuten ziehen lassen. Backofen auf 200° C (Gas: Stufe 3, Umluft: 180° C) vorheizen.

Kartoffeln schälen, in Stifte schneiden, mit 1 TL Öl mischen, auf einem mit Backpapier ausgelegten Backblech verteilen, salzen und pfeffern. Im Backofen auf mittlerer Schiene ca. 35–40 Minuten backen, dabei zwischendurch mehrmals wenden. Putenschnitzel abspülen, trocken tupfen und in Streifen schneiden. Putenstreifen mit restlichem Öl und Gyrosgewürz in einen Gefrierbeutel geben, gut verkneten und ca. 10 Minuten im Kühlschrank marinieren.

Gurke schälen, grob raspeln und ausdrücken. Joghurt mit Quark verrühren, Knoblauch dazupressen, Gurkenraspel und Dill unterheben und mit Salz und Pfeffer abschmecken. Putenstreifen ohne weitere Fettzugabe in einer Pfanne ca. 5–8 Minuten rundherum braten. Krautsalat mit Salz und Pfeffer abschmecken. Ofenpommes mit Paprikapulver bestäuben und mit Gyros, Krautsalat und Zaziki servieren.

Info

Bereite den Krautsalat am Vortag zu! So zieht er schön durch und wird etwas weicher.

Entenbrustpfanne mit Mie-Nudeln

9 SmartPoints Wert

fertig in: 30 Minuten | davon aktiv: 25 Minuten
einfrieren
483 kcal | 2022 kJ

Für 2 Personen:

- 240 g Entenbrust, ohne Haut
- 1 TL Sesamöl
- 4 EL Sojasauce
- 2 Frühlingszwiebeln
- je 1 rote und gelbe Paprika
- 3 Karotten
- 100 g trockene Mie-Nudeln
- Salz, Pfeffer
- 1 TL Honig
- 100 ml Gemüsebrühe (1/2 TL Instantpulver)
- 1 EL gehackter Koriander

Entenbrust abspülen, trocken tupfen, in Streifen schneiden, mit Öl und 2 EL Sojasauce in einen Gefrierbeutel geben, gut verkneten und im Kühlschrank ca. 10 Minuten marinieren.

Frühlingszwiebeln waschen und in breite Ringe schneiden. Paprika waschen, entkernen und in Streifen schneiden. Karotten schälen und schräg in Scheiben schneiden. Mie-Nudeln nach Packungsanweisung in Salzwasser garen.

Entenbruststreifen ohne weitere Fettzugabe in einer Pfanne auf hoher Stufe ca. 5 Minuten rundherum anbraten, mit Honig beträufeln, kurz weiterbraten und herausnehmen. Karottenscheiben im Bratensatz auf mittlerer Stufe ca. 5 Minuten braten. Frühlingszwiebelringe und Paprikastreifen zugeben und weitere ca. 3 Minuten braten.

Gemüse mit Brühe ablöschen und aufkochen. Mie-Nudeln mit Entenbruststreifen unterheben und kurz weitergaren. Entenbrustpfanne mit restlicher Sojasauce und Pfeffer würzen, mit Koriander verfeinern und servieren.

UPGRADE

Verwende doch mal eine Barbarie-Entenbrust ohne Haut. Sie verfügt über einen geringeren Fettanteil und einen höheren Anteil an Muskelfleisch. Der SmartPoints Wert ändert sich nicht.

Ein asiatisches Gericht fürs Büro? Wie wäre es mit der Weight Watchers Asia Putenbrust süß-sauer für 10 SmartPoints?

← Hähnchenwrap mit Rucola und Spargel

9 SmartPoints Wert

fertig in: 20 Minuten | davon aktiv: 20 Minuten
474 kcal | 1984 kJ

Hähnchenbrustfilet abspülen, trocken tupfen und in Streifen schneiden. Spargel abtropfen lassen. Rucola waschen und trocken schleudern. Gurke schälen, halbieren und in ca. 8–10 cm lange Streifen schneiden. Tomaten waschen. Quark und Salatcreme verrühren und mit Salz, Pfeffer und Kräutern würzen.

1 TL Öl in einer Pfanne auf hoher Stufe erhitzen, Hähnchenbruststreifen darin ca. 4–5 Minuten rundherum braten, salzen, pfeffern und herausnehmen. Tortilla Wraps erwärmen, mit Salatcreme bestreichen, mit 50 g Rucola, Gurken- und Hähnchenstreifen und Spargel belegen und aufrollen. Restlichen Rucola mit Tomaten mischen. Für das Dressing Essig, restliches Öl, Salz, Pfeffer und Senf verrühren, unter den Salat heben. Tortilla Wraps schräg halbieren und sofort mit Rucola-Tomaten-Salat servieren.

Für 2 Personen:

320 g Hähnchenbrustfilet
1 Glas Spargel (205 g Abtropfgewicht)
100 g Rucola
1 kleine Salatgurke
100 g Cocktailtomaten
3 EL Magerquark
3 EL Salatcreme, bis 10 % Fett
Salz, Pfeffer
1 TL 8-Kräuter-Mischung (TK)
2 TL Rapsöl
2 kleine Tortilla Wraps
1 EL dunkler Balsamicoessig
1 TL Dijonsenf

Marinierte Straußensteaks

5 SmartPoints Wert

fertig in: 30 Minuten | davon aktiv: 25 Minuten
low carb | laktosefrei
306 kcal | 1281 kJ

2 Msp. Limettenschale abreiben und Limette auspressen. Für die Marinade 2 EL Limettensaft mit Limettenschale, gemahlenem Koriander, Salz und Pfeffer verrühren. Straußensteaks abspülen, trocken tupfen, mit Marinade in einen Gefrierbeutel geben, gut verkneten und im Kühlschrank ca. 10 Minuten marinieren.

Für das Dressing Ingwer schälen und fein reiben. 1 TL Öl mit Ingwer, gehacktem Koriander, Sojasauce und Essig verrühren und mit Salz und Pfeffer würzen. Gurke waschen, längs halbieren, in Scheiben schneiden und mit Dressing mischen. Restliches Öl in einer Pfanne auf hoher Stufe erhitzen, Straußensteaks darin ca. 4–5 Minuten von jeder Seite braten, mit Honig beträufeln und kurz weiterbraten. Straußensteaks mit Gurkensalat servieren.

Für 2 Personen:

1 unbehandelte Limette
1/4 TL gemahlener Koriander
Salz, Pfeffer
2 Straußensteaks (à 170 g)
1 Stück Ingwer (ca. 2 cm)
3 TL Rapsöl
1 EL gehackter Koriander
1 TL Sojasauce
2 EL Apfelessig
1 Salatgurke
1 TL Honig

Ente mit Kartoffel-Rosenkohl-Plätzchen

11 SmartPoints Wert

fertig in: 75 Minuten | davon aktiv: 70 Minuten
504 kcal | 2108 kJ

Backofen auf 100° C (Gas oder Umluft nicht empfehlenswert) vorheizen. Entenbrust abspülen, trocken tupfen, salzen, pfeffern, mit Schinken umwickeln und in eine ofenfeste Form (ca. 20 x 25 cm) legen. Im Backofen auf mittlerer Schiene ca. 60–65 Minuten garen. Salat waschen, trocken schleudern und in Streifen schneiden.

Kartoffeln schälen und in Salzwasser ca. 20–25 Minuten garen. Rosenkohl putzen, vierteln und in Salzwasser ca. 15 Minuten garen. Kartoffeln und Rosenkohl abgießen, 200 g Kartoffeln für das Dressing zur Seite stellen und restliche Kartoffeln durch eine Kartoffelpresse drücken. Eier, Stärke und Rosenkohlviertel unter die Kartoffelmasse rühren und mit Salz, Pfeffer und Muskatnuss würzen.

Öl in einer Pfanne auf mittlerer Stufe erhitzen, Kartoffelmasse mit einem Esslöffel zu 8 Plätzchen hineingeben und Kartoffel-Rosenkohl-Plätzchen darin ca. 5 Minuten von jeder Seite braten. Herausnehmen und ca. 5 Minuten vor Ende der Garzeit zur Entenbrust stellen. Karotte und Zwiebel schälen, würfeln und im Bratensatz ca. 2 Minuten anbraten. Tomatenmark einrühren, mit 400 ml Fond ablöschen und ca. 10 Minuten köcheln lassen. Sauce mit Schmelzkäse verfeinern, pürieren und mit Salz und Pfeffer abschmecken.

Für das Dressing restlichen Fond erwärmen, mit restlichen Kartoffeln zerstampfen, mit Essig und Honig verfeinern und mit Salz und Pfeffer würzen. Dressing mit Salat vermischen. Entenbrust in Tranchen schneiden und mit Sauce, Kartoffel-Rosenkohl-Plätzchen und Salat servieren.

Für 4 Personen:

480 g Entenbrust, ohne Haut
Salz, Pfeffer
4 Scheiben roher Schinken
1 Endiviensalat
700 g mehligkochende Kartoffeln
500 g Rosenkohl
2 Eier
2 EL Kartoffelstärke
1 Prise geriebene Muskatnuss
1 EL Rapsöl
1 kleine Karotte
1 Zwiebel
1 TL Tomatenmark
600 ml Geflügelfond
3 EL Kräuterschmelzkäse, 20 % Fett i. Tr.
3–4 EL Weißweinessig
1 TL Honig

Fruchtig-pikante Putenroulade

8 SmartPoints Wert

fertig in: 60 Minuten | davon aktiv: 55 Minuten
469 kcal | 1963 kJ

Für 4 Personen:

- 1 Zwiebel
- 25 g getrocknete Pflaumen
- 60 g magere Schinkenwürfel
- 1 TL gehackter Rosmarin
- 4 Putenschnitzel (à 180 g)
- 2 EL körniger Senf
- Salz, Pfeffer
- 4 TL Rapsöl
- 250 ml Geflügelfond
- 2 Wacholderbeeren
- 1 Lorbeerblatt
- 400 g Drillinge (kleine Kartoffeln)
- 4 Stangen Lauch (ca. 1 kg)
- 50 ml Wasser
- 100 ml fettarme Milch
- 2 EL geriebener Parmesan
- 1 EL gehackte Petersilie
- 3 EL Crème légère
- 1 TL Pflaumenmus
- 1 TL gehackter Thymian

Zwiebel schälen und in feine Würfel schneiden. Pflaumen fein hacken. Für die Füllung Zwiebel- und Schinkenwürfel mit Rosmarin und Pflaumen mischen. Putenschnitzel abspülen, trocken tupfen, flacher klopfen, mit Senf bestreichen und mit Salz und Pfeffer würzen. Füllung daraufgeben, einrollen und mit Spießen fixieren.

Öl in einer Pfanne auf mittlerer bis hoher Stufe erhitzen, Rouladen darin rundherum ca. 6–7 Minuten anbraten und mit Fond ablöschen. Wacholderbeeren und Lorbeerblatt zugeben und mit Deckel ca. 20 Minuten schmoren lassen. Kartoffeln waschen und mit Schale in Salzwasser ca. 20 Minuten garen. Lauch waschen, in Ringe schneiden und in Wasser und Milch auf mittlerer Stufe ca. 6–7 Minuten dünsten. Parmesan und Petersilie unterheben und mit Salz und Pfeffer abschmecken.

Rouladen aus der Sauce nehmen und bei 60° C warm stellen. Lorbeerblatt und Wacholderbeeren entfernen. Crème légère und Pflaumenmus einrühren und ca. 5 Minuten einkochen lassen. Kartoffeln abgießen. Sauce mit Thymian verfeinern und mit Salz und Pfeffer abschmecken. Rouladen mit Kartoffeln, Lauchgemüse und Sauce servieren.

Griechischer Hähnchenschmortopf

8 SmartPoints Wert

fertig in: 65 Minuten | davon aktiv: 30 Minuten
456 kcal | 1907 kJ

Zwiebel schälen, Aubergine und Zucchini waschen und alles würfeln. Hähnchenbrustfilet abspülen, trocken tupfen und in Würfel schneiden. Öl in einem Topf auf hoher Stufe erhitzen und Hähnchenwürfel darin ca. 3 Minuten rundherum anbraten. Mit Salz, Pfeffer und Paprikapulver würzen und herausnehmen.

Kritharaki nach Packungsanweisung in Salzwasser garen. Zwiebelwürfel im Bratensatz glasig andünsten. Auberginen- und Zucchiniwürfel zugeben und ca. 3 Minuten braten. Hähnchenwürfel zugeben, mit Tomaten und Brühe ablöschen, aufkochen und auf mittlerer Stufe ca. 5 Minuten köcheln lassen.

Schafskäse zerbröseln. Hähnchenschmortopf mit Oregano verfeinern und mit Salz und Pfeffer abschmecken. Kritharaki abgießen, mit Schmortopf anrichten und mit Schafskäse bestreut servieren.

Für 4 Personen:

- 1 Zwiebel
- 1 Aubergine (ca. 500 g)
- 3 Zucchini (ca. 500 g)
- 500 g Hähnchenbrustfilet
- 2 TL Rapsöl
- Salz, Pfeffer
- 1 TL Paprikapulver
- 200 g trockene Kritharaki
- 500 g passierte Tomaten (Konserve)
- 400 ml Gemüsebrühe (1 TL Instantpulver)
- 100 g Schafskäse, 25 % Fett i. Tr.
- 1 TL gehackter Oregano

Putenbrust mit Granatapfelsauce

9 SmartPoints Wert

fertig in: 25 Minuten | davon aktiv: 25 Minuten
567 kcal | 2376 kJ

Für 2 Personen:

- **220 g Gnocchi**
- **Salz, Pfeffer**
- **500 g Romanesco**
- **1 Granatapfel**
- **2 Putenbrustfilets (à 180 g)**
- **2 TL Rapsöl**
- **50 ml Gemüsebrühe (2 Prisen Instantpulver)**
- **2 TL heller Balsamicoessig**
- **1 TL gehackter Thymian**
- **1 TL gehackter Rosmarin**
- **1 Prise Zucker**

Gnocchi nach Packungsanweisung in Salzwasser garen. Romanesco waschen, in Röschen teilen und in Salzwasser ca. 10 Minuten garen. Granatapfel halbieren, eine Hälfte auspressen und aus der anderen Hälfte die Kerne herauslösen.

Putenbrustfilets abspülen, trocken tupfen und mit Salz und Pfeffer würzen. Öl in einer Pfanne auf hoher Stufe erhitzen, Putenbrustfilets darin ca. 3–4 Minuten von jeder Seite braten, herausnehmen, in Alufolie wickeln und ca. 10 Minuten ruhen lassen.

Bratensatz mit Granatapfelsaft, Brühe und Essig ablöschen und ca. 5 Minuten köcheln lassen. Mit Salz, Pfeffer, Thymian und Rosmarin würzen, mit Zucker verfeinern und Granatapfelkerne unterheben. Romanesco und Gnocchi abgießen. Putenbrust mit Granatapfelsauce, Gnocchi und Romanesco servieren.

Zitronenhähnchen mit Bandnudeln

11 SmartPoints Wert

fertig in: 30 Minuten | davon aktiv: 30 Minuten
474 kcal | 1986 kJ

Hähnchenbrustfilet abspülen, trocken tupfen und in Stücke schneiden. Für die Marinade 1 TL Zitronenschale abreiben und Zitrone auspressen. 2 EL Zitronensaft, -schale, Salz und Pfeffer verrühren, mit den Hähnchenbruststücken in einen Gefrierbeutel geben, gut verkneten und im Kühlschrank ca. 15 Minuten marinieren.

Fenchel waschen, halbieren, den Strunk entfernen und Fenchel in sehr feine Streifen schneiden. Für das Dressing Kresse vom Beet schneiden, mit 1 EL Schmand, 2 TL Zitronensaft, Wasser und Honig vermischen und mit Salz und Pfeffer würzen. Dressing unter die Fenchelstreifen heben. Nudeln nach Packungsanweisung in Salzwasser garen.

Öl in einer Pfanne auf mittlerer bis hoher Stufe erhitzen und Hähnchenbruststücke darin ca. 5 Minuten rundherum anbraten. Nudeln abgießen und dabei 75 ml Kochwasser auffangen. Restlichen Schmand mit Kochwasser verrühren und mit Nudeln zum Hähnchen geben. Zitronenhähnchen mit Salz und Pfeffer würzen und mit Fenchelsalat servieren.

Für 2 Personen:

- **240 g Hähnchenbrustfilet**
- **1 unbehandelte Zitrone**
- **Salz, Pfeffer**
- **2 Fenchelknollen**
- **1/2 Beet Kresse**
- **3 EL Schmand**
- **1 EL Wasser**
- **1 TL Honig**
- **100 g trockene Bandnudeln**
- **2 TL Rapsöl**

UPGRADE

Eine besondere Alternative wäre eine Maispoulardenbrust ohne Haut. Die Hähnchen werden mit Mais gefüttert und verfügen über mehr Fleisch als das normale Hähnchen. Die SmartPoints erhöhen sich nicht.

Straußensteaks mit Nusshaube

10 SmartPoints Wert

fertig in: 35 Minuten | davon aktiv: 30 Minuten
470 kcal | 1966 kJ

Für 4 Personen:

- **1 Schalotte**
- **1 Petersilienwurzel (ca. 40 g)**
- **1 Zweig Thymian**
- **3 EL gehackte Walnüsse**
- **2 EL Halbfettmargarine**
- **2 EL Paniermehl**
- **1 EL gehackte Petersilie**
- **4 Straußensteaks (à 100 g)**
- **Salz, Pfeffer**
- **2 TL Rapsöl**
- **300 ml Gemüsebrühe (1 TL Instantpulver)**
- **1 Birne**
- **800 g Rotkohl (TK)**
- **400 g Schupfnudeln (Frischprodukt)**
- **1–2 EL dunkler Balsamicoessig**

Backofen auf 180° C (Gas: Stufe 2, Umluft: 160° C) vorheizen. Schalotte und Petersilienwurzel schälen und würfeln. Thymian waschen und trocken schütteln. Für die Nusshaube Walnüsse mit Margarine, Paniermehl und Petersilie verkneten. Straußensteaks abspülen, trocken tupfen und mit Salz und Pfeffer würzen.

Öl in einer Pfanne auf hoher Stufe erhitzen und Steaks darin ca. 1 Minute von jeder Seite braten. In eine ofenfeste Form (ca. 20 x 30 cm) legen, Nussmasse auf den Steaks verteilen und im Backofen auf mittlerer Schiene ca. 10–15 Minuten überbacken.

Für die Sauce Schalotten- und Petersilienwurzelwürfel im Bratensatz ca. 2 Minuten anbraten, mit Brühe ablöschen, Thymian zugeben und auf mittlerer Stufe ca. 10 Minuten köcheln lassen.

Birne waschen, vierteln, entkernen und würfeln. Rotkohl mit Birnenwürfeln in einen Topf geben, aufkochen und auf mittlerer Stufe mit Deckel ca. 10 Minuten garen. Schupfnudeln in Salzwasser ca. 2–3 Minuten gar ziehen lassen.

Thymian aus der Sauce entfernen, Sauce pürieren und mit Salz und Pfeffer abschmecken. Rotkohl mit Essig verfeinern und mit Salz und Pfeffer abschmecken. Schupfnudeln mit einer Schaumkelle herausheben. Straußensteaks mit Sauce, Schupfnudeln und Rotkohl servieren.

Puten-Artischocken-Pfanne mit Tomatensalsa

8 SmartPoints Wert

fertig in: 35 Minuten | davon aktiv: 30 Minuten
395 kcal | 1654 kJ

Kartoffeln waschen und mit Schale in Salzwasser ca. 15–20 Minuten garen. Artischockenherzen abtropfen lassen und halbieren. Für die Salsa Schalotte schälen. Tomaten waschen, entkernen und mit Schalotte fein würfeln. Schalotten- und Tomatenwürfel mit Petersilie, Agavendicksaft und 2 TL Öl vermischen und mit Salz und Pfeffer abschmecken. Putenbrustfilet abspülen, trocken tupfen und in Streifen schneiden.

Kartoffeln abgießen und vierteln. Restliches Öl in einer Pfanne auf hoher Stufe erhitzen, Putenbruststreifen darin ca. 2–3 Minuten rundherum anbraten und Knoblauch dazupressen. Kartoffelviertel und 2–3 EL Oregano dazugeben, mit Salz und Pfeffer würzen und auf mittlerer Stufe ca. 4–5 Minuten mitbraten. Frischkäse und Artischockenhälften unterheben, mit Brühe ablöschen und kurz erwärmen. Puten-Artischocken-Pfanne mit Salz und Pfeffer abschmecken, mit restlichem Oregano bestreuen und mit Tomatensalsa servieren.

Für 4 Personen:

- **800 g Drillinge (kleine Kartoffeln)**
- **Salz, Pfeffer**
- **1 Dose Artischockenherzen (240 g Abtropfgewicht)**
- **1 Schalotte**
- **2 Fleischtomaten**
- **2 EL gehackte Petersilie**
- **1 TL Agavendicksaft**
- **4 TL Olivenöl**
- **480 g Putenbrustfilet**
- **1 Knoblauchzehe**
- **3–4 EL gehackter Oregano**
- **150 g Kräuterfrischkäse, bis 1 % Fett absolut**
- **200 ml Gemüsebrühe (1 TL Instantpulver)**

Hähnchen-Bulgur-Salat

8 SmartPoints Wert

fertig in: 20 Minuten I davon aktiv: 20 Minuten
452 kcal I 1893 kJ

Bulgur nach Packungsanweisung in 150 ml Salzwasser ca. 10 Minuten garen. Frühlingszwiebel waschen und in Ringe schneiden. Paprika waschen, entkernen und in Streifen schneiden. Hähnchenbrustfilet abspülen, trocken tupfen und in Streifen schneiden. Öl in einer Pfanne auf mittlerer bis hoher Stufe erhitzen, Hähnchenbruststreifen darin ca. 5 Minuten rundherum braten, mit Salz und Harissa würzen und herausnehmen.

Paprikastreifen im Bratensatz auf hoher Stufe ca. 2 Minuten scharf anbraten, salzen und pfeffern. Paprika- und Hähnchenstreifen mit Frühlingszwiebelringen unter den Bulgur heben. Für das Dressing Bratensatz mit restlichem Wasser ablöschen und mit Tomatenmark und Essig verfeinern. Dressing und Petersilie unter den Salat heben, mit Salz und Pfeffer abschmecken und mit Chiliflocken bestreut servieren.

Für 1 Person:

60 g trockener Bulgur
200 ml Wasser
Salz, Pfeffer
1 Frühlingszwiebel
1 rote Paprika
120 g Hähnchenbrustfilet
1 TL Rapsöl
1/4 TL Harissapulver
1 TL Tomatenmark
1 EL Rotweinessig
1 TL gehackte glatte Petersilie
1 Prise Chiliflocken

Balsamico-Hähnchen-Pfanne

10 SmartPoints Wert

fertig in: 30 Minuten | davon aktiv: 30 Minuten
einfrieren
583 kcal | 2442 kJ

Reis nach Packungsanweisung in Salzwasser garen. Paprika waschen, entkernen und in Würfel schneiden. Zwiebeln schälen und in Spalten schneiden, Knoblauch pressen. Hähnchenbrustfilet abspülen, trocken tupfen und in Würfel schneiden.

Öl in einer Pfanne auf hoher Stufe erhitzen und Hähnchenbrustwürfel darin ca. 5 Minuten rundherum braten, mit Salz und Pfeffer würzen und herausnehmen. Zwiebelspalten, Knoblauch, Thymian, Tomatenmark und Honig im Bratensatz auf mittlerer Stufe ca. 5 Minuten anbraten.

Paprikawürfel zugeben und weitere ca. 3 Minuten braten. Mit Brühe und Essig ablöschen und ca. 5 Minuten köcheln lassen. Gemüse mit Salz und Pfeffer abschmecken, Hähnchenbrustwürfel unterheben und erwärmen. Balsamico-Hähnchen-Pfanne mit Reis servieren.

Für 2 Personen:

120 g trockener Naturreis
Salz, Pfeffer
je 1 rote, grüne und gelbe Paprika
3 Zwiebeln
1 Knoblauchzehe
300 g Hähnchenbrustfilet
2 TL Rapsöl
1 EL gehackter Thymian
1 EL Tomatenmark
1 TL Honig
100 ml Gemüsebrühe (1/2 TL Instantpulver)
3 EL dunkler Balsamicoessig

Pollo tonnato mit Römersalat

4 SmartPoints Wert

fertig in: 1 Stunde 40 Minuten | davon aktiv: 30 Minuten
low carb
256 kcal | 1073 kJ

Hähnchenbrustfilet abspülen und trocken tupfen. 1 TL Rapsöl in einer Pfanne auf mittlerer bis hoher Stufe erhitzen und Hähnchenbrust darin ca. 5 Minuten von jeder Seite braten. Mit Hühnerbrühe ablöschen und auf mittlerer Stufe mit Deckel ca. 20 Minuten garen.

Für die Sauce Zitrone auspressen. Kapern abtropfen lassen. Zwiebel schälen, mit Knoblauch grob hacken und mit Thunfisch in ein hohes Gefäß geben. Olivenöl, Frischkäse, Joghurt, Kapern und 2 EL Zitronensaft dazugeben, alles zu einer glatten Sauce pürieren und mit Salz und Pfeffer abschmecken. Hähnchenbrust ca. 1 Stunde kalt stellen und in dünne Scheiben schneiden.

Für den Salat Römersalatherzen waschen, trocken schleudern und in mundgerechte Stücke zerteilen. Tomaten waschen, halbieren und unter den Salat heben. Für das Dressing 2 EL Zitronensaft, restliches Rapsöl, Honig, Senf und Gemüsebrühe pürieren, salzen, pfeffern und über den Salat träufeln. Hähnchenbrustscheiben auf 4 Tellern anrichten, mit Thunfischsauce beträufeln, mit Dill und nach Wunsch mit grob gemahlenem Pfeffer bestreuen und mit Salat servieren.

Für 4 Personen:

360 g Hähnchenbrustfilet
4 TL Rapsöl
50 ml Hühnerbrühe (2 Prisen Instantpulver)
1 Zitrone
1 Glas Kapern (50 g Abtropfgewicht)
1 kleine Zwiebel
1/4 Knoblauchzehe
1 Dose Thunfisch im eigenen Saft (150 g Abtropfgewicht)
2 TL Olivenöl
2 EL Frischkäse, bis 1 % Fett absolut
80 g Magermilchjoghurt
Salz, Pfeffer
2 Römersalatherzen
500 g Cocktailtomaten
1 TL Honig
3 TL mittelscharfer Senf
50 ml Gemüsebrühe (2 Prisen Instantpulver)
1 EL gehackter Dill

Orecchiette mit Walnusspesto und Hähnchen

10 SmartPoints Wert

fertig in: 35 Minuten | davon aktiv: 35 Minuten
489 kcal | 2048 kJ

Für 4 Personen:

- 4 Hähnchenbrustfilets (à 120 g)
- 4 TL Olivenöl
- 1 TL gehackter Thymian
- Salz, Pfeffer
- 4 EL geriebener Parmesan
- 1 Zwiebel
- 2 Zucchini
- 1 Aubergine
- 200 g Cocktailtomaten
- 1 Dose Artischockenherzen (210 g Abtropfgewicht)
- 150 ml Gemüsebrühe (1/2 TL Instantpulver)
- 200 g trockene Orecchiette
- 1 Knoblauchzehe
- 30 g Rucola
- 30 g Basilikum
- 2 EL gehackte Walnüsse

Backofen auf 180° C (Gas: Stufe 2, Umluft: 160° C) vorheizen. Hähnchenbrustfilets abspülen, trocken tupfen und in eine Auflaufform (ca. 20 x 30 cm) legen. 2 TL Öl mit 1/2 TL Thymian, Salz und Pfeffer verrühren und Hähnchenbrustfilets damit bestreichen. Mit Parmesan bestreuen und im Backofen auf mittlerer Schiene ca. 25 Minuten garen.

Zwiebel schälen, Zucchini und Aubergine waschen und alles würfeln. Tomaten waschen und halbieren. Artischocken abtropfen lassen und vierteln. 1 TL Öl in einer Pfanne auf mittlerer bis hoher Stufe erhitzen und Zwiebel-, Zucchini- und Auberginenwürfel darin ca. 5 Minuten anbraten. Tomatenhälften und Artischockenviertel mit restlichem Thymian dazugeben, mit 100 ml Brühe ablöschen und ca. 10 Minuten köcheln lassen.

Orecchiette nach Packungsanweisung in Salzwasser garen. Für das Pesto Knoblauch grob hacken. Rucola und Basilikum waschen, trocken schütteln, mit Knoblauch, Walnüssen, restlichem Öl und restlicher Brühe pürieren, salzen und pfeffern. Nudeln abgießen, mit Pesto unter das Gemüse mischen und mit Salz und Pfeffer abschmecken. Orecchiette mit Hähnchen servieren.

UPGRADE

Verwende doch mal die Brust eines Kikok-Hähnchens. Kikok-Hähnchen werden mit Mais und Weizen gefüttert und haben mehr Zeit und Platz zum Wachsen.

Putenschaschlik mit Kurkumareis

9 SmartPoints Wert

fertig in: 75 Minuten | davon aktiv: 70 Minuten
535 kcal | 2242 kJ

Backofen auf 200° C (Gas: Stufe 3, Umluft: 180° C) vorheizen. Schalotte schälen und in Spalten schneiden. Paprika waschen, entkernen und in Stücke schneiden. Putenschnitzel abspülen, trocken tupfen, würfeln und mit Schalottenspalten und Paprikastücken im Wechsel auf 2 Spieße stecken.

Senf mit Öl und Paprikapulver verrühren, salzen, pfeffern, Spieße damit bestreichen und in eine ofenfeste Form (ca. 15 x 20 cm) legen. Im Backofen auf mittlerer Schiene ca. 20 Minuten garen.

Reis nach Packungsanweisung in Salzwasser mit Kurkuma und Chilipulver garen. Mais und Bohnen ca. 5 Minuten vor Ende der Garzeit unterheben. Joghurt mit Essig und Dill verrühren, salzen und pfeffern. Gurke waschen, längs halbieren, in Scheiben schneiden und mit Dressing mischen. Putenschaschlik mit Kurkumareis und Gurkensalat servieren.

Für 1 Person:

1 Schalotte
1 rote Paprika
120 g Putenschnitzel
1 TL Senf
1 TL Rapsöl
1/4 TL Paprikapulver
Salz, Pfeffer
40 g trockener Langkornreis
2 Msp. Kurkuma
1 Prise Chilipulver
2 EL Mais (Konserve)
2 EL Kidneybohnen (Konserve)
2 EL Magermilchjoghurt
2 TL heller Balsamicoessig
1 TL gehackter Dill
1/2 Salatgurke

Linsen-Dal mit Hähnchen

11 SmartPoints Wert

fertig in: 30 Minuten | davon aktiv: 30 Minuten
518 kcal | 2169 kJ

Hähnchenbrustfilet abspülen, trocken tupfen und in Würfel schneiden. Ingwer schälen und reiben. Öl in einem Topf auf mittlerer Stufe erhitzen und Ingwer mit je 1/4 TL Kreuzkümmel, Kurkuma und Garam Masala darin kurz anschwitzen.

Hähnchenbrustwürfel dazugeben, ca. 3 Minuten rundherum anbraten, salzen und pfeffern. Linsen untermischen, mit Brühe ablöschen und ca. 10–15 Minuten garen. Reis nach Packungsanweisung in Salzwasser garen.

Für den Salat Karotten und Gurke schälen und raspeln, Gurkenraspel ausdrücken. Joghurt mit 1 Msp. Kurkuma, Chilipulver, 1 EL Zitronensaft und Minze vermischen. Karotten- und Gurkenraspel untermischen und Salat mit Salz abschmecken.

Linsen-Dal mit Salz, Pfeffer und restlichem Zitronensaft abschmecken und mit Reis und Karotten-Gurken-Salat servieren. Linsen-Dal nach Wunsch mit Minze garnieren und servieren.

Für 2 Personen:

200 g Hähnchenbrustfilet
1 Stück Ingwer (ca. 2 cm)
2 TL Rapsöl
Kreuzkümmel, Kurkuma und Garam Masala
Salz, Pfeffer
75 g trockene rote Linsen
300 ml Gemüsebrühe (1 TL Instantpulver)
80 g trockener Basmatireis
3 Karotten
1/2 Salatgurke
150 g fettarmer Joghurt
1 Msp. Chilipulver
2 EL Zitronensaft
1 TL gehackte Minze

Ofenhähnchen mit Tomatentopping

8 SmartPoints Wert

fertig in: 45 Minuten | davon aktiv: 15 Minuten
521 kcal | 2182 kJ

Backofen auf 180° C (Gas: Stufe 2, Umluft: 160° C) vorheizen. Bohnen waschen und in Salzwasser ca. 5 Minuten vorgaren. Getrocknete Tomaten fein hacken, Knoblauch pressen. Margarine mit Knoblauch, Tomaten, Kräutern und Tomatenmark verrühren und mit Salz und Pfeffer würzen.

Hähnchenbrustfilets abspülen, trocken tupfen, auf einer Seite kreuzweise ca. 1 cm tief einschneiden und mit Tomatenmargarine bestreichen. Bohnen abgießen. Cocktailtomaten waschen und Zwiebeln schälen. Tomaten und Zwiebeln vierteln und mit Bohnen und Hähnchenbrustfilets in eine Auflaufform (ca. 22 x 22 cm) geben.

Brühe zufügen, mit Salz und Pfeffer würzen und im Backofen auf mittlerer Schiene ca. 30 Minuten garen. Couscous nach Packungsanweisung in Salzwasser garen und mit Ofenhähnchen und Gemüse servieren.

Für 2 Personen:

- **400 g grüne Bohnen**
- **Salz, Pfeffer**
- **50 g getrocknete Tomaten ohne Öl**
- **1 Knoblauchzehe**
- **4 TL Halbfettmargarine**
- **2 TL italienische Kräuter**
- **1 TL Tomatenmark**
- **2 Hähnchenbrustfilets (à 180 g)**
- **250 g Cocktailtomaten**
- **2 rote Zwiebeln**
- **150 ml Gemüsebrühe (1/2 TL Instantpulver)**
- **90 g trockener Couscous**

Entenragout mit Bandnudeln

10 SmartPoints Wert

fertig in: 40 Minuten | davon aktiv: 30 Minuten
laktosefrei | einfrieren
516 kcal | 2161 kJ

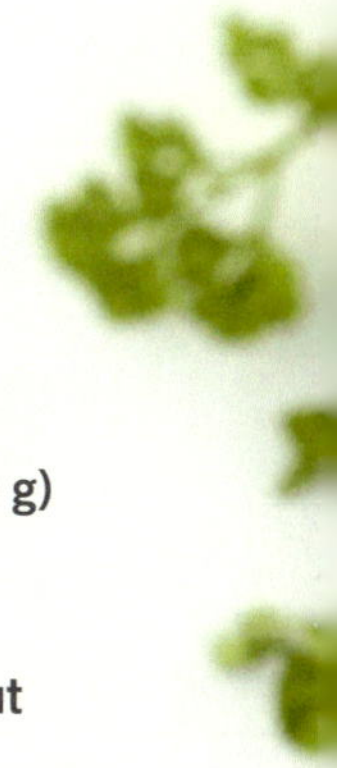

Für 2 Personen:

- 1 Zwiebel
- 1/2 Knollensellerie (ca. 300 g)
- 1 große Karotte
- 1 große Stange Lauch
- 240 g Entenbrust, ohne Haut
- 2 TL Rapsöl
- Salz, Pfeffer
- 200 ml Geflügelfond
- 40 ml Rotwein
- 1/2 TL gehackter Rosmarin
- 100 g trockene Bandnudeln
- 1 EL Speisestärke
- 2 EL Wasser
- 1 EL gehackte Petersilie

Zwiebel, Sellerie und Karotte schälen und fein würfeln. Lauch waschen und in Ringe schneiden. Entenbrust abspülen, trocken tupfen und in Streifen schneiden. Öl in einem Topf auf hoher Stufe erhitzen und Entenbruststreifen darin ca. 2 Minuten rundherum anbraten. Mit Salz und Pfeffer würzen und herausnehmen.

Zwiebelwürfel im Bratensatz auf mittlerer Stufe glasig dünsten. Sellerie- und Karottenwürfel mit Lauchringen dazugeben und ca. 3 Minuten mitdünsten. Entenbruststreifen unterheben, mit Fond und Wein ablöschen, mit Rosmarin würzen und ca. 10 Minuten köcheln lassen.

Nudeln nach Packungsanweisung in Salzwasser garen. Stärke mit Wasser anrühren, unter das Ragout mischen und weitere ca. 2 Minuten köcheln lassen. Nudeln abgießen, mit Entenragout anrichten und mit Petersilie bestreut servieren.

Geschmorte Hähnchenschenkel

11 SmartPoints Wert

fertig in: 65 Minuten | davon aktiv: 30 Minuten
517 kcal | 2163 kJ

Tomaten und Lauch waschen, Tomaten halbieren und Lauch in Ringe schneiden. Zucchini waschen, längs halbieren und in Scheiben schneiden. Kartoffeln schälen und in Stücke schneiden. Hähnchenschenkel abspülen und trocken tupfen. Öl in einem Bräter auf hoher Stufe erhitzen, Hähnchenschenkel darin ca. 6–8 Minuten rundherum anbraten und herausnehmen.

Kartoffelstücke im Bratensatz ca. 2 Minuten anbraten. Lauchringe und Tomatenmark zugeben und ca. 3 Minuten mitbraten. Mit Brühe ablöschen, aufkochen und mit Salz und Pfeffer würzen.

Hähnchenschenkel, Tomatenhälften und Zucchinischeiben unterheben und auf mittlerer Stufe mit Deckel ca. 30 Minuten garen. Schmortopf mit Salz und Pfeffer würzen und mit Zitronenschale, Rosmarin, Thymian und Honig verfeinern. Geschmorte Hähnchenschenkel mit Gemüse und Ciabatta servieren.

Für 4 Personen:

- **500 g Cocktailtomaten**
- **1 große Stange Lauch**
- **1 Zucchini**
- **500 g mehligkochende Kartoffeln**
- **4 Hähnchenschenkel, ohne Haut (à 220 g, verzehrbarer Anteil 165 g)**
- **2 TL Olivenöl**
- **1 EL Tomatenmark**
- **100 ml Gemüsebrühe (1/2 TL Instantpulver)**
- **Salz, Pfeffer**
- **1 Msp. abgeriebene unbehandelte Zitronenschale**
- **1 TL gehackter Rosmarin**
- **1 TL gehackter Thymian**
- **2 TL Honig**
- **8 Scheiben Ciabatta**

Hähnchen in Broccoli-Spargel-Sauce

8 SmartPoints Wert

fertig in: 60 Minuten | davon aktiv: 55 Minuten
432 kcal | 1810 kJ

Broccoli waschen und in Röschen teilen. Spargel schälen, die holzigen Enden abschneiden und Spargel in Stücke schneiden. Hähnchenbrustfilet abspülen, trocken tupfen und in Stücke schneiden. Brühe mit Hähnchenbruststücken aufkochen, Broccoliröschen und Spargelstücke zufügen und auf mittlerer Stufe mit Deckel ca. 10 Minuten köcheln lassen. Reis nach Packungsanweisung in Salzwasser garen.

Hähnchenbruststücke und Gemüse abgießen, dabei 400 ml Brühe auffangen. Margarine in einem Topf auf mittlerer bis hoher Stufe schmelzen und Mehl darin hellgelb anschwitzen. Unter Rühren mit Milch und Brühe ablöschen und aufkochen.

Hähnchen- und Spargelstücke mit Broccoliröschen unterheben, mit saurer Sahne verfeinern und mit Salz, Pfeffer, Zitronensaft und Worcestersauce würzen. Hähnchen in Broccoli-Spargel-Sauce mit Schnittlauch bestreuen und mit Reis servieren.

Für 4 Personen:

500 g Broccoli
600 g weißer Spargel
500 g Hähnchenbrustfilet
750 ml Gemüsebrühe (3 TL Instantpulver)
200 g trockene Wildreismischung
Salz, Pfeffer
1 EL Halbfettmargarine
1 EL Mehl
100 ml fettarme Milch
2 EL saure Sahne
1 TL Zitronensaft
einige Tropfen Worcestersauce
1 EL Schnittlauchringe

Marokkanischer Hähnchentopf

11 SmartPoints Wert

fertig in: 35 Minuten | davon aktiv: 30 Minuten
520 kcal | 2178 kJ

Zwiebeln und Ingwer schälen, Zwiebeln würfeln und Ingwer reiben. Hähnchenbrustfilet abspülen, trocken tupfen und würfeln. Blumenkohl waschen, in Röschen teilen, in Salzwasser ca. 6 Minuten vorgaren und abgießen. Öl in einem Topf auf hoher Stufe erhitzen, Hähnchenbrustwürfel darin ca. 3 Minuten rundherum anbraten, mit Salz und Pfeffer würzen und herausnehmen.

Zwiebelwürfel im Bratensatz auf mittlerer Stufe ca. 2 Minuten glasig dünsten. Blumenkohlröschen und Ingwer zugeben und ca. 3 Minuten braten. Mit Brühe ablöschen, aufkochen und Zitronensaft, Kurkuma, Lorbeerblatt, Nelken und Kreuzkümmel dazugeben.

Kichererbsen abspülen, abtropfen lassen, mit Hähnchenwürfeln und Rosinen zugeben und ca. 5 Minuten köcheln lassen. Lorbeerblatt entfernen, Hähnchentopf mit Salz und Pfeffer abschmecken, nach Wunsch mit Petersilie garnieren und mit Fladenbrot servieren.

Für 4 Personen:

- 2 rote Zwiebeln
- 1 Stück Ingwer (ca. 2 cm)
- 400 g Hähnchenbrustfilet
- 1 großer Blumenkohl (ca. 900 g)
- Salz, Pfeffer
- 2 TL Rapsöl
- 500 ml Gemüsebrühe (2 TL Instantpulver)
- 1 TL Zitronensaft
- 1/2 TL Kurkuma
- 1 Lorbeerblatt
- 1 Msp. gemahlene Nelken
- 1 Msp. Kreuzkümmel
- 2 Dosen Kichererbsen (à 265 g Abtropfgewicht)
- 3 EL Rosinen
- 4 Ecken Fladenbrot

Spitzkohl-Puten-Kasserolle

7 SmartPoints Wert

fertig in: 45 Minuten | davon aktiv: 30 Minuten
einfrieren
412 kcal | 1725 kJ

Zwiebeln und Kartoffeln schälen und würfeln. Spitzkohl putzen, vierteln, den Strunk entfernen und Spitzkohl in Streifen schneiden. Karotten schälen und raspeln. Putenbrustfilet abspülen, trocken tupfen und würfeln.

Öl in einem Topf auf hoher Stufe erhitzen, Putenbrustwürfel darin ca. 3 Minuten rundherum anbraten und mit Salz und Pfeffer würzen. Spitzkohlstreifen, Zwiebel- und Kartoffelwürfel zugeben und auf mittlerer Stufe ca. 4 Minuten mitbraten.

Karottenraspel zugeben, mit Brühe und Essig ablöschen und mit Deckel ca. 15 Minuten garen. Saure Sahne unterrühren, mit Kümmel und Muskatnuss verfeinern und mit Salz und Pfeffer abschmecken. Spitzkohl-Puten-Kasserolle mit Schnittlauch bestreuen und servieren.

Für 4 Personen:

- 2 Zwiebeln
- 600 g mehligkochende Kartoffeln
- 1 Spitzkohl (ca. 1 kg)
- 2 große Karotten
- 500 g Putenbrustfilet
- 1 EL Rapsöl
- Salz, Pfeffer
- 400 ml Gemüsebrühe (2 TL Instantpulver)
- 2 EL Weißweinessig
- 150 g saure Sahne
- 1 Msp. gemahlener Kümmel
- 1 Prise geriebene Muskatnuss
- 3 EL Schnittlauchringe

Crunchy Hähnchen mit Tomatensalsa

8 SmartPoints Wert

fertig in: 30 Minuten | davon aktiv: 25 Minuten
laktosefrei
460 kcal | 1927 kJ

Für 2 Personen:

- 4 Tomaten
- 1 Zwiebel
- 1 Knoblauchzehe
- 1 TL gehacktes Basilikum
- 2 EL Ajvar (Paprikapaste)
- Salz, Pfeffer
- 360 g Hähnchenbrustfilet
- 1 TL Hähnchenwürzsalz
- 6 EL Cornflakes
- 1 Ei
- 1 EL Mehl
- 4 TL Rapsöl

Für die Salsa Tomaten waschen, Zwiebel schälen und beides in feine Würfel schneiden. Knoblauch pressen. Tomaten-, Zwiebelwürfel, Knoblauch, Basilikum und Ajvar verrühren. Tomatensalsa mit Salz und Pfeffer abschmecken.

Hähnchenbrustfilet abspülen, trocken tupfen und in breite Streifen schneiden. Mit Hähnchenwürzsalz und Pfeffer würzen. Für die Panade Cornflakes in einem tiefen Teller zerbröseln. Ei in einem weiteren tiefen Teller verquirlen und mit Salz und Pfeffer würzen. Hähnchenstreifen mit Mehl bestäuben, zuerst in der Eiermischung und danach in den Cornflakes wenden.

Öl in einer Pfanne auf mittlerer Stufe erhitzen und Hähnchenstreifen darin ca. 6–8 Minuten rundherum knusprig braten. Crunchy Hähnchen mit Tomatensalsa und nach Wunsch mit Baguette servieren.

Info

Statt der zerbröselten Cornflakes kannst du auch Pankomehl für die Panade verwenden. Panko ist ein japanisches Paniermehl, das aus Brot ohne Kruste hergestellt wird. Der SmartPoints Wert erhöht sich auf 9.

UPGRADE

Stelle dein eigenes Hähnchenwürzsalz her! Vermische dafür Salz mit Rauchsalz, Paprikapulver, gemahlenem Knoblauch, getrocknetem Thymian, Kurkuma, Kreuzkümmel und Pfeffer.

Lauwarmer Hähnchen-Nudel-Salat

8 SmartPoints Wert

fertig in: 25 Minuten | davon aktiv: 20 Minuten
511 kcal | 2141 kJ

Für 2 Personen:

- **90 g trockene Spiralnudeln**
- **Salz, Pfeffer**
- **1 Bund Frühlingszwiebeln**
- **5 Karotten**
- **360 g Hähnchenbrustfilet**
- **2 TL Rapsöl**
- **3 EL Sojasauce**
- **75 ml Gemüsebrühe (1/2 TL Instantpulver)**
- **3 EL heller Balsamicoessig**
- **2 EL gehackte Petersilie**
- **1 Prise Chilipulver**

Nudeln nach Packungsanweisung in Salzwasser garen. Frühlingszwiebeln waschen, Karotten schälen. Frühlingszwiebeln in Ringe schneiden und Karotten raspeln. Hähnchenbrustfilet abspülen, trocken tupfen und in mundgerechte Stücke schneiden.

Öl in einer Pfanne auf hoher Stufe erhitzen, Hähnchenbruststücke darin ca. 2–3 Minuten rundherum braten und mit Salz und Pfeffer würzen. Karottenraspel zufügen und ca. 2 Minuten mitbraten. Frühlingszwiebelringe dazugeben, mit Sojasauce und Brühe ablöschen und ca. 4–5 Minuten köcheln lassen.

Nudeln abgießen, ca. 5 Minuten abkühlen lassen und mit Fleisch-Gemüse-Mischung und Essig vermengen. Petersilie unterheben und mit Salz, Pfeffer und Chilipulver abschmecken. Hähnchen-Nudel-Salat lauwarm servieren.

UPGRADE

Wenn es bei dir in der Nähe einen Bio-Bauernhof gibt, kannst du auch im Hofladen oder im Bio-Markt in deiner Nähe eine Hähnchenbrust von freilaufenden Hühnern kaufen. So kannst du sicher sein, dass die Tiere unter den besten Bedingungen aufgezogen wurden.

Puten-Cordon bleu mit Kartoffel-Sellerie-Püree

8 SmartPoints Wert

fertig in: 30 Minuten | davon aktiv: 25 Minuten
441 kcal | 1846 kJ

Für 2 Personen:

- **1 kleiner Knollensellerie (500 g)**
- **250 g mehligkochende Kartoffeln**
- **Salz, Pfeffer**
- **1 EL Frischkäse, bis 1 % Fett absolut**
- **1 TL Dijonsenf**
- **1/2 TL italienische Kräuter**
- **1/4 TL Paprikapulver**
- **1 Scheibe gekochter Schinken**
- **2 Putenschnitzel (à 180 g)**
- **2 EL geriebener Käse, 30 % Fett i. Tr.**
- **2 TL Rapsöl**
- **75 ml fettarme Milch**
- **1 Prise geriebene Muskatnuss**

Sellerie und Kartoffeln schälen, in grobe Würfel schneiden und in Salzwasser ca. 15 Minuten garen. Frischkäse mit Senf und Kräutern verrühren und mit Salz, Pfeffer und Paprikapulver würzen. Schinken halbieren.

Putenschnitzel abspülen, trocken tupfen und mit Salz und Pfeffer würzen. Schnitzel auf einer Seite mit Frischkäse-Senf-Creme bestreichen. Mit Schinkenhälften belegen und mit Käse bestreuen. Putenschnitzel zusammenklappen und mit Spießen fixieren.

Öl in einer Pfanne auf mittlerer bis hoher Stufe erhitzen und Cordon bleu darin ca. 5–8 Minuten von jeder Seite braten. Sellerie und Kartoffelwürfel abgießen, mit Milch zerstampfen und mit Salz, Pfeffer und Muskatnuss würzen. Puten-Cordon bleu mit Kartoffel-Sellerie-Püree servieren.

Putengeschnetzeltes mit Champignons

10 SmartPoints Wert

fertig in: 40 Minuten | davon aktiv: 40 Minuten
448 kcal | 1877 kJ

Putenschnitzel abspülen, trocken tupfen und in Streifen schneiden. Champignons trocken abreiben und vierteln. Öl in einer Pfanne auf hoher Stufe erhitzen, Putenschnitzelstreifen darin ca. 5 Minuten rundherum anbraten und herausnehmen.

Champignonviertel im Bratensatz auf mittlerer Stufe ca. 5 Minuten anbraten, Putenstreifen zugeben, mit Brühe ablöschen und ca. 10 Minuten köcheln lassen. Spätzle nach Packungsanweisung in Salzwasser garen.

Kerbel waschen, trocken schütteln und grob hacken. Rote Bete in dünne Scheiben schneiden, mit Essig beträufeln und mit Salz und Pfeffer würzen. Saucenbinder zum Geschnetzelten geben, kurz aufkochen, mit Crème légère, Apfelsaft und Kerbel verfeinern und mit Salz und Pfeffer abschmecken. Spätzle abgießen und mit Putengeschnetzeltem und Rote Bete servieren.

Für 4 Personen:

- 400 g Putenschnitzel
- 750 g Champignons
- 2 TL Rapsöl
- 300 ml Gemüsebrühe (2 TL Instantpulver)
- 400 g Spätzle (Frischprodukt)
- Salz, Pfeffer
- 1 Bund Kerbel
- 500 g vorgegarte Rote Bete (vakuumverpackt)
- 2–3 EL Himbeeressig
- 1 TL Saucenbinder
- 150 g Crème légère
- 2 EL Apfelsaft

UPGRADE

Für einen besonderen Anlass kannst du statt der Champignons auch Kräuterseitlinge verwenden. Diese Pilze eignen sich ebenfalls sehr gut für dieses Geschnetzelte. Sie sind sehr festfleischig und werden selbst bei längeren Garzeiten nicht schwammig.

Fruchtiges Putencurry mit Mango

8 SmartPoints Wert

fertig in: 55 Minuten | davon aktiv: 45 Minuten
laktosefrei
407 kcal | 1705 kJ

Kartoffeln, Karotten und Zwiebeln schälen. Kartoffeln in Würfel, Karotten in Scheiben und Zwiebeln in Streifen schneiden. Putenbrustfilet abspülen, trocken tupfen und in Würfel schneiden.

Öl in einem Topf auf hoher Stufe erhitzen und Putenbrustwürfel darin ca. 3 Minuten rundherum anbraten. Zwiebelstreifen zugeben und kurz mitbraten. Kartoffelwürfel und Karottenscheiben zugeben, salzen und mit Currypulver bestäuben. Mit Wasser ablöschen und auf mittlerer Stufe ca. 15 Minuten garen.

Mango schälen, das Fruchtfleisch vom Stein schneiden und würfeln. Stärke mit 2 EL Kokosmilch anrühren, mit Mangowürfeln und restlicher Kokosmilch zum Curry geben und weitere ca. 5 Minuten garen. Frühlingszwiebel waschen und schräg in feine Ringe schneiden. Putencurry mit Salz, Pfeffer und Paprikapulver würzen, mit Frühlingszwiebelringen bestreuen und servieren.

Für 4 Personen:

- **600 g mehligkochende Kartoffeln**
- **800 g Karotten**
- **2 Zwiebeln**
- **500 g Putenbrustfilet**
- **4 TL Rapsöl**
- **Salz, Pfeffer**
- **1 EL Currypulver**
- **500 ml Wasser**
- **1 Mango**
- **1 EL Speisestärke**
- **100 ml fettreduzierte Kokosmilch**
- **1 Frühlingszwiebel**
- **1/2 TL Paprikapulver**

Hähnchenragout mit gemischten Pilzen

8 SmartPoints Wert

fertig in: 30 Minuten | davon aktiv: 25 Minuten
431 kcal | 1803 kJ

Hähnchenbrustfilet abspülen, trocken tupfen und in Würfel schneiden. Pilze trocken abreiben, Pfifferlinge gegebenenfalls waschen, Champignons vierteln und Pfifferlinge und Austernpilze in Stücke schneiden. Rucola waschen, trocken schleudern und grob hacken.

Spätzle nach Packungsanweisung in Salzwasser garen. Öl in einem Topf auf hoher Stufe erhitzen und Hähnchenbrustwürfel darin ca. 3 Minuten rundherum anbraten. Champignonviertel, Pfifferling- und Austernpilzstücke dazugeben, weitere ca. 5 Minuten braten und mit Salz und Pfeffer würzen.

Hähnchen-Pilz-Mischung mit Frischkäse verfeinern. Spätzle abgießen. Hähnchenragout mit Oregano verfeinern, mit Salz und Pfeffer abschmecken, Rucola unterheben und mit Spätzle servieren.

Für 2 Personen:

240 g Hähnchenbrustfilet
600 g gemischte Pilze (z. B. Champignons, Pfifferlinge, Austernpilze)
1 Handvoll Rucola
100 g trockene Spätzle
Salz, Pfeffer
2 TL Rapsöl
100 g Frischkäse, bis 1 % Fett absolut
1 TL gehackter Oregano

Weiße-Bohnen-Eintopf mit Entenbrust

9 SmartPoints Wert

fertig in: 40 Minuten | davon aktiv: 25 Minuten
458 kcal | 1916 kJ

Zwiebeln und Kartoffeln schälen und würfeln. Entenbrust abspülen, trocken tupfen und in Streifen schneiden. Öl in einem Topf auf hoher Stufe erhitzen und Entenbruststreifen darin ca. 4 Minuten rundherum braten. Mit Salz und Pfeffer würzen und herausnehmen.

Zwiebelwürfel im Bratensatz auf mittlerer Stufe ca. 2 Minuten dünsten, mit Brühe ablöschen und aufkochen. Kartoffelwürfel und Suppengemüse zugeben und ca. 10–12 Minuten garen. Bohnen abspülen, abtropfen lassen, zum Eintopf geben und weitere ca. 5 Minuten garen.

Entenbruststreifen zum Eintopf geben und mit Salz und Pfeffer abschmecken. Mit Thymian verfeinern und Bohneneintopf mit saurer Sahne garniert servieren.

Für 4 Personen:

2 Zwiebeln
200 g festkochende Kartoffeln
500 g Entenbrust, ohne Haut
2 TL Rapsöl
Salz, Pfeffer
850 ml Gemüsebrühe (3 TL Instantpulver)
800 g Suppengemüse (TK)
2 Dosen weiße Bohnen (à 255 g Abtropfgewicht)
2 TL gehackter Thymian
4 EL saure Sahne

Mediterranes Ofenhähnchen

10 SmartPoints Wert

fertig in: 60 Minuten | davon aktiv: 35 Minuten
glutenfrei
531 kcal | 2224 kJ

Backofen auf 200° C (Gas: Stufe 3, Umluft: 180° C) vorheizen. Paprika, Aubergine und Zucchini waschen. Aubergine und Zucchini längs halbieren oder vierteln, Paprika entkernen und alles in Stücke schneiden. Für die Würzpaste Knoblauch pressen, mit Tomatenmark, Wasser, 3 TL Öl, Rosmarin, Thymian, Oregano und Fenchelsamen verrühren, salzen und pfeffern. 1 EL zur Seite stellen, Gemüsestücke mit restlicher Würzpaste mischen und ca. 15 Minuten ziehen lassen.

Kartoffeln schälen, längs halbieren, auf einem mit Backpapier ausgelegten Backblech verteilen, mit restlichem Öl bestreichen, salzen, pfeffern und im Backofen auf mittlerer Schiene ca. 15 Minuten vorgaren. Hähnchenbrustfilets abspülen, trocken tupfen und mit restlicher Würzpaste bestreichen.

Gemüsestücke mit Hähnchenbrustfilets zu den Kartoffeln geben und weitere ca. 30 Minuten garen. Für den Dip Quark mit Zitronensaft, Basilikum und Zucker verrühren und mit Salz und Pfeffer würzen. Mediterranes Ofenhähnchen mit Dip servieren.

Für 2 Personen:

1 rote Paprika
1 Aubergine
1 Zucchini
1 Knoblauchzehe
1 EL Tomatenmark
2 EL Wasser
4 TL Olivenöl
je 1/2 TL gehackter Rosmarin und Thymian
1 TL gehackter Oregano
1/4 TL Fenchelsamen
Salz, Pfeffer
500 g festkochende Kartoffeln
2 Hähnchenbrustfilets (à 120 g)
125 g Magerquark
1 TL Zitronensaft
2 EL gehacktes Basilikum
1 Prise Zucker

Steinpilzrisotto mit Pute

11 SmartPoints Wert

fertig in: 55 Minuten | davon aktiv: 20 Minuten
513 kcal | 2150 kJ

Für 2 Personen:

- **25 g getrocknete Cranberrys**
- **2 EL Zitronensaft**
- **50 ml Wasser**
- **1 TL Honig**
- **Salz, Pfeffer**
- **1 Eichblattsalat**
- **300 g Steinpilze**
- **1 Zwiebel**
- **240 g Putenschnitzel**
- **1 TL Rapsöl**
- **100 g trockener Risottoreis**
- **400 ml Gemüsebrühe (2 TL Instantpulver)**
- **3 EL Crème légère**
- **1 EL gehackter Estragon**
- **1 EL Parmesanhobel**

Für das Dressing Cranberrys mit Zitronensaft, Wasser und Honig pürieren und mit Salz und Pfeffer abschmecken. Salat waschen, trocken schleudern und in mundgerechte Stücke zerteilen. Pilze trocken abreiben, gegebenenfalls halbieren und in Scheiben schneiden. Zwiebel schälen und würfeln. Putenschnitzel abspülen, trocken tupfen und in Würfel schneiden.

Öl in einer Pfanne auf hoher Stufe erhitzen, Putenwürfel darin ca. 4 Minuten rundherum anbraten, salzen, pfeffern und herausnehmen. Reis, Pilzscheiben und Zwiebelwürfel im Bratensatz glasig andünsten und mit Brühe aufgießen, bis die Reiskörner knapp bedeckt sind. Auf niedriger Stufe ca. 35 Minuten garen, dabei unter Rühren regelmäßig Brühe nachgießen.

Putenwürfel unterheben und kurz erwärmen. Risotto mit Crème légère und Estragon verfeinern und mit Salz und Pfeffer abschmecken. Salat mit Dressing beträufeln. Risotto mit Parmesan bestreuen und mit Salat servieren.

Gefüllte Paprika mit Zartweizen

8 SmartPoints Wert

fertig in: 60 Minuten | davon aktiv: 40 Minuten
414 kcal | 1733 kJ

Für 4 Personen:

- **180 g trockener Zartweizen**
- **Salz, Pfeffer**
- **3 Frühlingszwiebeln**
- **280 g Hähnchenbrustfilet**
- **2 TL Rapsöl**
- **200 g Kochkäse, Magerstufe**
- **2 EL gehackter Majoran**
- **1 TL Paprikapulver**
- **4 große rote Paprika (à 250 g)**
- **4 rote Zwiebeln**
- **1 TL Mehl**
- **250 ml entrahmte Milch**
- **75 ml Gemüsebrühe (1/2 TL Instantpulver)**
- **3 EL Frischkäse, bis 1 % Fett absolut**

Zartweizen nach Packungsanweisung in Salzwasser garen. Frühlingszwiebeln waschen und in Ringe schneiden. Hähnchenbrustfilet abspülen, trocken tupfen und würfeln. Öl in einer Pfanne auf hoher Stufe erhitzen und Hähnchenbrustwürfel darin ca. 3–4 Minuten braten. Frühlingszwiebelringe zufügen und kurz mitbraten. Zartweizen, Kochkäse und 1 EL Majoran unterrühren und mit Salz, Pfeffer und Paprikapulver würzen. Backofen auf 200° C (Gas: Stufe 3, Umluft: 180° C) vorheizen.

Paprika waschen, Deckel abschneiden, aushöhlen und mit der Zartweizen-Hähnchen-Masse füllen. Paprika in eine ofenfeste Form (ca. 25 x 30 cm) setzen und im Backofen auf mittlerer Schiene ca. 35 Minuten garen.

Für die Sauce Zwiebeln schälen und in Streifen schneiden. Zwiebelstreifen in 3 EL Wasser auf mittlerer Stufe ca. 5 Minuten dünsten, mit Mehl bestäuben, anschwitzen, unter Rühren mit Milch und Brühe ablöschen und aufkochen. Sauce ca. 5 Minuten köcheln lassen, mit Frischkäse und restlichem Majoran verfeinern und mit Salz und Pfeffer abschmecken. Gefüllte Paprika mit Zwiebelsauce servieren.

Gefüllte Hähnchenbrust mit Tomatennudeln

9 SmartPoints Wert

fertig in: 60 Minuten | davon aktiv: 40 Minuten
laktosefrei
476 kcal | 1992 kJ

Für 4 Personen:

- **1 Bund Basilikum**
- **1 EL Kapern**
- **2 getrocknete Tomaten ohne Öl**
- **4 Hähnchenbrustfilets (à 120 g)**
- **Salz, Pfeffer**
- **4 TL Rapsöl**
- **280 g trockene Bandnudeln**
- **1 Zwiebel**
- **300 g Cocktailtomaten**
- **500 g passierte Tomaten (Konserve)**
- **1 EL gehackter Salbei**

Backofen auf 180° C (Gas: Stufe 2, Umluft: 160° C) vorheizen. Für die Füllung Basilikum waschen, trocken schütteln und mit Kapern hacken. Getrocknete Tomaten in feine Würfel schneiden und mit Basilikum und Kapern mischen. Hähnchenbrustfilets abspülen, trocken tupfen, jeweils eine Tasche einschneiden, mit Basilikummischung füllen und mit Spießen feststecken. Hähnchenbrustfilets mit Salz und Pfeffer würzen.

Öl in einer Pfanne auf hoher Stufe erhitzen und Filets darin ca. 3 Minuten von jeder Seite anbraten. In eine ofenfeste Form (ca. 20 x 30 cm) legen und im Backofen auf mittlerer Schiene ca. 15 Minuten fertig garen.

Nudeln nach Packungsanweisung in Salzwasser garen. Zwiebel schälen und würfeln, Cocktailtomaten waschen und halbieren. Zwiebelwürfel und Cocktailtomatenhälften im Bratensatz ca. 3 Minuten anbraten, mit passierten Tomaten ablöschen und aufkochen. Nudeln abgießen, mit Salbei unter die Tomatensauce heben und mit Salz und Pfeffer abschmecken. Gefüllte Hähnchenbrust mit Tomatennudeln servieren.

Hähnchenkeulen mit würzigem Curryreis

10 SmartPoints Wert

fertig in: 15 Minuten | davon aktiv: 15 Minuten
467 kcal | 1956 kJ

Für 2 Personen:

- 2 Hähnchenkeulen, ohne Haut (à 220 g)
- Salz, Pfeffer
- 2 TL Paprikapulver
- 1 Zwiebel
- 2 rote Paprika
- 1 gelbe Paprika
- 1 Knoblauchzehe
- 2 TL Rapsöl
- 80 g trockener Langkornreis
- 175 ml Gemüsebrühe (1/2 TL Instantpulver)
- 1 TL Currypulver

Backofen auf 200° C (Gas: Stufe 3, Umluft: 180° C) vorheizen. Hähnchenkeulen abspülen, trocken tupfen und mit Salz, Pfeffer und 1 TL Paprikapulver würzen. Keulen auf ein mit Backpapier ausgelegtes Backblech legen und im Backofen auf mittlerer Schiene ca. 40–45 Minuten garen.

Zwiebel schälen. Paprika waschen, entkernen und mit Zwiebel in Würfel schneiden. Knoblauch pressen. Öl in einem Topf auf mittlerer Stufe erhitzen und Paprika-, Zwiebelwürfel und Knoblauch darin ca. 1–2 Minuten anschwitzen.

Reis zufügen und kurz mitbraten. Mit Brühe ablöschen und mit Deckel ca. 12–15 Minuten köcheln lassen. Mit Salz, Pfeffer, Curry- und restlichem Paprikapulver abschmecken und Hähnchenkeulen mit Curryreis servieren.

Asiatische Ente mit Pak-Choi-Reis

9 SmartPoints Wert

fertig in: 60 Minuten | davon aktiv: 30 Minuten
415 kcal | 1736 kJ

Für 2 Personen:

- 1 rote Chilischote
- 1 Stück Ingwer (ca. 1 cm)
- 2 TL Rapsöl
- 2 TL süße Asia-Chilisauce
- 1 EL Sojasauce
- 2 Entenbrüste, ohne Haut (à 120 g)
- Salz, Pfeffer
- 600 g Pak Choi (ersatzweise Mangold)
- 1 rote Paprika
- 80 g trockener Langkornreis
- 50 ml Gemüsebrühe (1/2 TL Instantpulver)

Chilischote waschen, entkernen und in Ringe schneiden. Ingwer schälen und fein hacken. Für die Marinade Öl, Asia-Chilisauce und Sojasauce mit Chiliringen und Ingwer verrühren. Entenbrüste abspülen, trocken tupfen, mit Salz und Pfeffer würzen, mit Marinade in einen Gefrierbeutel geben, gut durchkneten und im Kühlschrank ca. 30 Minuten marinieren. Pak Choi putzen, vierteln, den Strunk entfernen und in Streifen schneiden. Paprika waschen, entkernen und in Würfel schneiden. Reis nach Packungsanweisung in Salzwasser garen.

Backofen auf 180° C (Gas: Stufe 2, Umluft: 160° C) vorheizen. Entenbrüste ohne weitere Fettzugabe in einer Pfanne auf hoher Stufe ca. 2–3 Minuten von jeder Seite anbraten, herausnehmen und auf ein mit Backpapier ausgelegtes Backblech legen. Im Backofen auf mittlerer Schiene ca. 15 Minuten garen. Paprikawürfel im Bratensatz ca. 2–3 Minuten braten, mit restlicher Marinade und Brühe ablöschen und auf mittlerer Stufe ca. 5 Minuten köcheln lassen. Reis und Pak-Choi-Streifen unter das Gemüse heben und kurz erwärmen. Asiatische Ente mit Pak-Choi-Reis servieren.

Puten-Wirsing-Pfanne mit Kartoffelstiften

6 SmartPoints Wert

fertig in: 30 Minuten | davon aktiv: 20 Minuten
398 kcal | 1668 kJ

Kartoffeln schälen und in Stifte schneiden. Wirsing putzen, halbieren, den Strunk entfernen und Wirsing in Streifen schneiden. Zwiebel schälen und würfeln. Putenschnitzel abspülen, trocken tupfen und in Streifen schneiden.

Öl in einer Pfanne auf hoher Stufe erhitzen, Putenstreifen darin ca. 2–3 Minuten rundherum anbraten, salzen, pfeffern und herausnehmen. Kartoffelstifte, Wirsingstreifen und Zwiebelwürfel im Bratensatz kurz anbraten. Knoblauch dazupressen, mit Brühe ablöschen, mit Fenchelsamen und Muskatnuss würzen und auf mittlerer Stufe mit Deckel ca. 10–15 Minuten köcheln lassen.

Putenstreifen und Frischkäse unterheben und kurz erwärmen. Puten-Wirsing-Pfanne mit Salz und Pfeffer abschmecken und servieren.

Für 2 Personen:

400 g festkochende Kartoffeln
1/2 Wirsing (ca. 500 g)
1 Zwiebel
240 g Putenschnitzel
1 TL Rapsöl
Salz, Pfeffer
1 Knoblauchzehe
250 ml Gemüsebrühe (1 TL Instantpulver)
1/2 TL Fenchelsamen
1 Prise geriebene Muskatnuss
3 EL Kräuterfrischkäse, bis 1 % Fett absolut

Hähnchen-Garnelen-Topf

7 SmartPoints Wert

fertig in: 40 Minuten | davon aktiv: 35 Minuten
481 kcal | 2014 kJ

Garnelen gegebenenfalls auftauen lassen. Hähnchenbrustfilet und Garnelen abspülen und trocken tupfen, Hähnchenbrustfilet in Stücke schneiden. Papaya und Zwiebel schälen, Papaya halbieren, Kerne mit einem Löffel entfernen und Papaya mit Zwiebel würfeln. Zuckererbsenschoten waschen und halbieren.

Reis nach Packungsanweisung in Salzwasser garen. Öl in einem Topf auf hoher Stufe erhitzen, Hähnchenbrustwürfel und Garnelen darin ca. 4 Minuten rundherum braten, mit Salz und Pfeffer würzen und herausnehmen. Zwiebelwürfel im Bratensatz auf mittlerer Stufe ca. 2 Minuten dünsten, mit Mehl bestäuben und weitere ca. 2 Minuten anschwitzen. Mit Brühe ablöschen, aufkochen und mit Salz und Currypulver würzen.

1 Msp. Limettenschale abreiben und Limette auspressen. Hähnchenwürfel und Garnelen in die Sauce geben und mit Limettenschale und 1–2 EL Limettensaft verfeinern. Maiskölbchen abtropfen lassen, in Stücke schneiden, mit Zuckererbsenschotenhälften und Papayawürfeln dazugeben und ca. 2–3 Minuten köcheln lassen. Hähnchen-Garnelen-Topf mit Salz und Pfeffer abschmecken, mit Wildreismischung und nach Wunsch mit Kerbel garniert servieren.

Für 4 Personen:

- **250 g küchenfertige Garnelen (frisch oder TK)**
- **400 g Hähnchenbrustfilet**
- **1 kleine Papaya (ca. 400 g)**
- **1 Zwiebel**
- **300 g Zuckererbsenschoten**
- **200 g trockene Wildreismischung**
- **Salz, Pfeffer**
- **2 TL Rapsöl**
- **1 EL Mehl**
- **200 ml Gemüsebrühe (1 TL Instantpulver)**
- **1 TL Currypulver**
- **1 unbehandelte Limette**
- **1 Glas Maiskölbchen (190 g Abtropfgewicht)**

Hähnchenbrustfilets im Speckmantel mit Rotkohl

11 SmartPoints Wert

fertig in: 50 Minuten | davon aktiv: 40 Minuten
466 kcal | 1949 kJ

Frühlingszwiebeln waschen und in Ringe schneiden. Champignons trocken abreiben und in Scheiben schneiden. Feigen würfeln. Hähnchenbrustfilets abspülen, trocken tupfen und mit Salz und Cayennepfeffer würzen. Mit je 1 Scheibe Frühstücksspeck umwickeln und mit Spießen feststecken. Kartoffeln schälen und in Salzwasser ca. 20 Minuten garen.

Öl in einer Pfanne auf hoher Stufe erhitzen, Hähnchenbrustfilets darin ca. 5 Minuten rundherum braten und herausnehmen. In Alufolie gewickelt im Backofen bei 80° C weitere ca. 15 Minuten garen. Rotkohl in einem Topf erwärmen und mit Feigen verfeinern.

Für die Sauce Frühlingszwiebelringe und Champignonscheiben im Bratensatz kurz andünsten, mit Brühe ablöschen und auf mittlerer Stufe ca. 5 Minuten garen. Stärke mit Cremefine anrühren, unter die Zwiebel-Pilz-Mischung rühren und aufkochen. Sauce mit Salz und Pfeffer abschmecken. Kartoffeln abgießen. Hähnchenbrustfilets im Speckmantel mit Rotkohl, Kartoffeln und Sauce servieren.

Für 4 Personen:

- 1/2 Bund Frühlingszwiebeln
- 350 g Champignons
- 50 g getrocknete Feigen
- 4 Hähnchenbrustfilets (à 120 g)
- Salz, Pfeffer
- 1 Prise Cayennepfeffer
- 4 Scheiben Frühstücksspeck
- 800 g festkochende Kartoffeln
- 2 TL Rapsöl
- 1 Glas Rotkohl (720 g Abtropfgewicht)
- 125 ml Gemüsebrühe (1/2 TL Instantpulver)
- 1 TL Speisestärke
- 3 EL Cremefine zum Kochen, 7 % Fett

Leckeres von Rind & Schwein

Rinderfiletburger mit Kartoffelscheiben

13 SmartPoints Wert

fertig in: 30 Minuten | davon aktiv: 30 Minuten
542 kcal | 2269 kJ

Für 2 Personen:

300 g festkochende Kartoffeln
1 TL grobes Meersalz
30 g Rucola
1 Zwiebel
1 Tomate
1 rote Chilischote
1/2 Glas Gewürzgurken (190 g Abtropfgewicht)
1 TL Dijonsenf
3 EL Frischkäse, bis 1 % Fett absolut
1 TL Ketchup
Salz, Pfeffer
180 g Rinderfilet
1 TL Rapsöl
2 Vollkornbrötchen
3 EL geriebener Gouda, 30 % Fett i. Tr.

Backofen auf 220° C (Gas: Stufe 4, Umluft: 200° C) vorheizen. Kartoffeln waschen und in ca. 1 cm dicke Scheiben schneiden. Kartoffelscheiben auf ein mit Backpapier ausgelegtes Backblech geben, mit Meersalz bestreuen und im Backofen auf mittlerer Schiene ca. 25 Minuten backen.

Rucola waschen und trocken schleudern. Zwiebel schälen. Tomate und Chilischote waschen. Chilischote entkernen und mit Zwiebel in Ringe schneiden. Gurken abtropfen lassen und zusammen mit Tomate in Scheiben schneiden. Für die Sauce Senf, Frischkäse und Ketchup mit Salz, Pfeffer und Chiliringen verrühren.

Rinderfilet trocken tupfen, halbieren und mit Salz und Pfeffer würzen. Öl in einer Pfanne auf hoher Stufe erhitzen, Filets darin ca. 2 Minuten von jeder Seite braten und herausnehmen. Zwiebelringe im Bratensatz ca. 2 Minuten anbraten und herausnehmen.

Brötchen aufschneiden, mit Sauce bestreichen und untere Brötchenhälften mit Rucola belegen, mit Rinderfilet, Zwiebelringen, Tomaten- und Gurkenscheiben belegen. Mit Käse bestreuen und mit oberen Brötchenhälften abdecken. Rinderfiletburger mit Kartoffelscheiben servieren.

UPGRADE

Für den besonderen Fleischgenuss bereite den Burger mit einem Filet vom Simmentaler Rind zu. Das Fleisch des in der Alpenregion gezüchteten Rinds ist besonders würzig und aromatisch.

Schweinebraten mit Senfkruste

7 SmartPoints Wert

fertig in: 1 Stunde 40 Minuten I davon aktiv: 20 Minuten
405 kcal I 1697 kJ

Für 4 Personen:

- **800 g magerer Schweinebraten**
- **Salz, Pfeffer**
- **1 TL Rapsöl**
- **1 EL Pistazienkerne**
- **1 EL Halbfettmargarine**
- **2 Knoblauchzehen**
- **1 EL Paniermehl**
- **2 EL körniger Senf**
- **450 g festkochende Kartoffeln**
- **800 g Blumenkohl (frisch oder TK)**
- **50 ml fettarme Milch**
- **1 Prise geriebene Muskatnuss**

Backofen auf 180° C (Gas: Stufe 2, Umluft: 160° C) vorheizen. Schweinebraten trocken tupfen und mit Salz und Pfeffer würzen. Öl in einer Pfanne auf hoher Stufe erhitzen, Braten darin ca. 5 Minuten von allen Seiten anbraten und herausnehmen. Schweinebraten in eine Auflaufform (ca. 16 x 21 cm) geben und im Backofen auf mittlerer Schiene ca. 90 Minuten garen.

Pistazienkerne grob hacken und mit Margarine in den Bratensatz geben. Knoblauch pressen, mit Paniermehl und Senf hinzufügen und unter Rühren ca. 2–3 Minuten anrösten. Kartoffeln schälen, Blumenkohl waschen, in Röschen teilen und zusammen in Salzwasser ca. 15 Minuten garen.

Schweinebraten nach ca. 70 Minuten Garzeit auf der Oberseite mit Senfmasse bestreichen, mit einem Löffel fest andrücken und fertig garen. Kartoffeln und Blumenkohl abgießen, mit Milch zerstampfen und mit Muskatnuss und Salz würzen. Schweinebraten mit Kartoffel-Blumenkohl-Stampf servieren.

Rindermedaillons mit Tagliatelle

10 SmartPoints Wert

fertig in: 25 Minuten | davon aktiv: 20 Minuten
483 kcal | 2022 kJ

Nudeln nach Packungsanweisung in Salzwasser garen. Kohlrabi und Zwiebel schälen, Kohlrabi in Stifte und Zwiebel in Würfel schneiden. Knoblauch pressen. Kohlrabistifte in 300 ml Brühe mit Deckel ca. 15 Minuten dünsten.

Rindermedaillons trocken tupfen und mit Salz und Pfeffer würzen. Öl in einer Pfanne auf hoher Stufe erhitzen, Medaillons darin ca. 3–4 Minuten von jeder Seite braten und herausnehmen. Medaillons in Alufolie wickeln und ca. 10 Minuten ruhen lassen.

Zwiebelwürfel und Knoblauch im Bratensatz ca. 1 Minute braten. Mit Mehl bestäuben und unter Rühren anschwitzen. Tomatenmark einrühren, mit restlicher Brühe ablöschen und aufkochen lassen. Pfefferkörner und Petersilie zufügen, mit Salz würzen und auf mittlerer Stufe ca. 4–5 Minuten köcheln lassen. Kohlrabistifte und Nudeln abgießen. Rindermedaillons mit Tagliatelle, Kohlrabistiften und Sauce servieren.

Für 2 Personen:

120 g trockene grüne Tagliatelle
Salz, Pfeffer
1 Kohlrabi
1 Zwiebel
1 Knoblauchzehe
450 ml Gemüsebrühe (2 TL Instantpulver)
4 Rinderfiletmedaillons (à 60 g)
2 TL Rapsöl
1 TL Mehl
1 EL Tomatenmark
1 TL eingelegte grüne Pfefferkörner
1 TL gehackte Petersilie

← Chinesische Rindfleischpfanne

10 SmartPoints Wert

fertig in: 35 Minuten | davon aktiv: 20 Minuten
laktosefrei | einfrieren
419 kcal | 1754 kJ

Ingwer schälen und hacken. Sojasauce mit Honig, Ingwer, Öl und Pfeffer mischen. Rinderfilet trocken tupfen, in Streifen schneiden, mit Marinade in einen Gefrierbeutel geben, gut verkneten und ca. 20 Minuten marinieren. Reis nach Packungsanweisung in Salzwasser garen.

Eine Pfanne auf hoher Stufe erhitzen, Filetstreifen darin ca. 3 Minuten rundherum braten und herausnehmen. Asiatisches Gemüse im Bratensatz mit restlicher Marinade auf mittlerer Stufe ca. 8–10 Minuten köcheln lassen. Filetstreifen und Wasabi unter das Gemüse heben und mit Salz und Pfeffer abschmecken. Chinesische Rindfleischpfanne mit Reis servieren.

Für 2 Personen:

- **1 Stück Ingwer (ca. 1 cm)**
- **2 EL Sojasauce**
- **1 TL Honig**
- **2 TL Sesamöl**
- **Salz, Pfeffer**
- **360 g Rinderfilet**
- **80 g trockener Basmatireis**
- **500 g asiatisches Gemüse (TK)**
- **1/2 TL Wasabipaste**

Erbsen-Karotten-Risotto

11 SmartPoints Wert

fertig in: 50 Minuten | davon aktiv: 50 Minuten
523 kcal | 2190 kJ

Zwiebel und Karotten schälen. Zwiebel würfeln, Karotten längs halbieren und in dünne Scheiben schneiden. Zwiebelwürfel in einem Topf in Wasser auf mittlerer Stufe glasig andünsten. Reis dazugeben und kurz mitdünsten. Mit etwas Brühe aufgießen, bis die Reiskörner knapp bedeckt sind, auf niedriger Stufe ca. 25–35 Minuten garen, dabei unter Rühren regelmäßig Brühe nachgießen.

Karottenscheiben ca. 10 Minuten vor Ende der Garzeit unter das Risotto heben und mitgaren. Schnitzel trocken tupfen. Öl in einer Pfanne auf hoher Stufe erhitzen, Schnitzel darin ca. 3–4 Minuten von jeder Seite braten und mit Salz und Pfeffer würzen. Erbsen ca. 5 Minuten vor Ende der Garzeit zum Risotto geben und mitgaren. Erbsen-Karotten-Risotto mit Kochkäse und Petersilie verfeinern, mit Salz und Pfeffer abschmecken und mit Schnitzeln servieren.

Für 2 Personen:

- **1 Zwiebel**
- **400 g Karotten**
- **2 EL Wasser**
- **100 g trockener Risottoreis**
- **500 ml Gemüsebrühe (2 TL Instantpulver)**
- **2 Schweineschnitzel (à 120 g)**
- **2 TL Rapsöl**
- **Salz, Pfeffer**
- **150 g Erbsen (TK)**
- **4 EL Kochkäse, Magerstufe**
- **2 EL gehackte Petersilie**

Scharfes Schnitzel mit buntem Salat

7 SmartPoints Wert

fertig in: 30 Minuten | davon aktiv: 30 Minuten
352 kcal | 1476 kJ

Backofen auf 180° C (Gas: Stufe 2, Umluft: 160° C) vorheizen. Peperoni abtropfen lassen und in Ringe schneiden. Frischkäse mit Paniermehl vermischen. Peperoniringe unterheben und mit Salz, Pfeffer und Paprikapulver würzen. Toast in Würfel schneiden.

Schweineschnitzel trocken tupfen und mit Salz und Pfeffer würzen. 1 TL Öl in einer Pfanne auf hoher Stufe erhitzen, Schnitzel darin ca. 1–2 Minuten von jeder Seite anbraten und herausnehmen. Mit Frischkäsemasse bestreichen, auf ein mit Backpapier ausgelegtes Backblech geben und im Backofen auf mittlerer Schiene ca. 10 Minuten garen. Toastwürfel im Bratensatz ca. 2–3 Minuten rösten und herausnehmen.

Für das Dressing Essig mit restlichem Öl verrühren und mit Salz und Pfeffer würzen. Salat waschen, trocken schleudern und in mundgerechte Stücke zerteilen. Tomaten waschen und vierteln. Gurke waschen, längs halbieren und in feine Scheiben schneiden. Salat mit Gurkenscheiben, Tomatenvierteln und Toastwürfeln mischen und mit Dressing beträufeln. Scharfes Schnitzel mit Salat servieren.

Für 2 Personen:

- **2 eingelegte milde Peperoni**
- **60 g Frischkäse, bis 1 % Fett absolut**
- **1 EL Paniermehl**
- **Salz, Pfeffer**
- **1/4 TL Paprikapulver**
- **2 kleine Scheiben Toast**
- **2 Schweineschnitzel (à 150 g)**
- **2 TL Rapsöl**
- **2 EL Weißweinessig**
- **125 g Blattsalat**
- **200 g rote und gelbe Cocktailtomaten**
- **1/4 Salatgurke**

Buntes Schaschlik mit Gemüsecouscous

9 SmartPoints Wert

fertig in: 25 Minuten | davon aktiv: 25 Minuten
501 kcal | 2096 kJ

Schweinefilet trocken tupfen. Paprika und Zucchini waschen. Paprika entkernen und mit dem Filet in gleichgroße Stücke schneiden. Zucchini in Scheiben schneiden. Schalotten schälen und in Spalten schneiden. Knoblauch pressen. Abwechselnd Filet- und Paprikastücke, Zucchinischeiben und Schalottenspalten auf vier Spieße stecken und mit Salz und Pfeffer würzen.

Couscous nach Packungsanweisung in Brühe garen. Für den Zaziki Gurke waschen und raspeln. Quark und Joghurt mit Gurke und Knoblauch verrühren, mit Zitronensaft verfeinern und mit Salz und Pfeffer würzen.

Restliches Gemüse fein würfeln. Öl in einer Pfanne auf hoher Stufe erhitzen und Spieße mit Gemüsewürfeln darin ca. 5 Minuten rundherum braten. Gemüse unter den Couscous heben. Schaschlik mit Gemüsecouscous und Zaziki servieren.

Für 2 Personen:

240 g Schweinefilet
je 1 gelbe und rote Paprika
1 Zucchini
2 Schalotten
1 Knoblauchzehe
Salz, Pfeffer
90 g trockener Couscous
250 ml Gemüsebrühe
(1 TL Instantpulver)
1/4 Salatgurke
150 g Magerquark
50 g fettarmer Joghurt
1 Spritzer Zitronensaft
2 TL Rapsöl

Zartweizen-Schnitzel-Pfanne

9 SmartPoints Wert

fertig in: 30 Minuten | davon aktiv: 20 Minuten
einfrieren
435 kcal | 1819 kJ

Für 2 Personen:

- **250 g Blumenkohlröschen**
- **250 g Broccoliröschen**
- **240 g Schweineschnitzel**
- **2 TL Walnussöl (ersatzweise Rapsöl)**
- **Salz, Pfeffer**
- **1 TL Currypulver**
- **1 TL Sambal Oelek**
- **400 ml Gemüsebrühe (2 TL Instantpulver)**
- **100 g trockener Zartweizen**
- **1 EL Sojasauce**

Blumenkohl- und Broccoliröschen waschen. Schweineschnitzel trocken tupfen und in Streifen schneiden.

Öl in einer Pfanne auf mittlerer bis hoher Stufe erhitzen, Schnitzelstreifen darin ca. 5 Minuten rundherum anbraten, salzen, pfeffern und herausnehmen. Blumenkohl- und Broccoliröschen im Bratensatz ca. 3 Minuten anbraten und mit Salz, Pfeffer, Currypulver und Sambal Oelek würzen.

Mit Brühe ablöschen und aufkochen. Zartweizen einrühren und mit Deckel ca. 10 Minuten köcheln lassen. Schnitzelstreifen unterheben und kurz erwärmen. Zartweizen-Schnitzel-Pfanne mit Sojasauce verfeinern und nach Wunsch mit frischen Kräutern bestreut servieren.

Gulaschsuppe mit Nudeln

11 SmartPoints Wert

fertig in: 80 Minuten | davon aktiv: 20 Minuten
615 kcal | 2576 kJ

Champignons trocken abreiben und vierteln. Paprika und Chilischote waschen und entkernen. Paprika in Streifen, Chilischote in Ringe schneiden. Knoblauch pressen. Zwiebel schälen und in Würfel schneiden. Rindergulasch trocken tupfen.

Öl in einem Topf auf hoher Stufe erhitzen, Gulaschstücke darin ca. 3–4 Minuten rundherum anbraten und mit Salz, Pfeffer und Paprikapulver würzen. Zwiebelwürfel, Champignonviertel, Paprikastreifen, Knoblauch und Tomatenmark zufügen und ca. 1–2 Minuten mitbraten. Mit Mehl bestäuben und unter Rühren anschwitzen. Mit Essig und Fond ablöschen. Stückige Tomaten, Tomatensaft und Chiliringe hinzugeben und auf niedriger bis mittlerer Stufe mit Deckel ca. 60 Minuten köcheln lassen.

Nudeln nach Packungsanweisung in Salzwasser garen. Nudeln abgießen, mit Majoran und Petersilie unter die Suppe heben und Gulaschsuppe servieren.

Für 2 Personen:

250 g Champignons
je 1 rote und gelbe Paprika
1 rote Chilischote
1 Knoblauchzehe
1 Zwiebel
400 g Rindergulasch
2 TL Rapsöl
Salz, Pfeffer
1 TL Paprikapulver
1 EL Tomatenmark
1 TL Mehl
2 TL Weißweinessig
250 ml Rinderfond
500 g stückige Tomaten (Konserve)
100 ml Tomatensaft
80 g trockene Spiralnudeln
1 TL gehackter Majoran
1 TL gehackte Petersilie

Info

Wer es besonders scharf mag, kann auch zwei Chilischoten verwenden.

Satéspieße mit Glasnudelsalat

11 SmartPoints Wert

fertig in: 35 Minuten | davon aktiv: 35 Minuten
487 kcal | 2040 kJ

Für 2 Personen:

- **50 g trockene Glasnudeln**
- **1 Limette**
- **5 EL Sojasauce**
- **2 TL Rapsöl**
- **Salz, Pfeffer**
- **1 TL gehackter Koriander**
- **1 TL Honig**
- **1/2 Bund Frühlingszwiebeln**
- **1 gelbe Paprika**
- **200 g Chinakohl**
- **240 g Schweineschnitzel**
- **1 EL Sesam**
- **3 TL Erdnusscreme**
- **50 ml Gemüsebrühe (2 Prisen Instantpulver)**
- **2 EL Schmand**

Glasnudeln nach Packungsanweisung zubereiten. Limette auspressen. Für die Marinade Limettensaft mit 3 EL Sojasauce, 1 TL Öl, Salz, Pfeffer, Koriander und Honig mischen. Frühlingszwiebeln und Paprika waschen. Paprika entkernen und in Streifen schneiden. Frühlingszwiebeln in Ringe schneiden. Chinakohl putzen, vierteln, den Strunk entfernen und Kohl in feine Streifen schneiden.

Schweineschnitzel trocken tupfen, mit Salz und Pfeffer würzen und längs in ca. 3 cm breite Streifen schneiden. Schnitzelstreifen gewellt auf Spieße stecken, mit etwas Marinade bestreichen und gleichmäßig mit Sesam bestreuen. Restliches Öl in einer Pfanne auf mittlerer bis hoher Stufe erhitzen, Satéspieße darin ca. 4–5 Minuten von jeder Seite braten und herausnehmen.

Erdnusscreme im Bratensatz kurz anschwitzen und mit Brühe ablöschen. 3 EL Marinade und restliche Sojasauce zufügen und mit Schmand verfeinern. Chinakohl-, Paprikastreifen und Frühlingszwiebelringe vermischen. Glasnudeln abgießen, unterheben, mit restlicher Marinade vermengen und mit Salz und Pfeffer abschmecken. Satéspieße mit Glasnudelsalat und Dip servieren.

Kräuterfilet mit Tomaten

9 SmartPoints Wert

fertig in: 25 Minuten | davon aktiv: 20 Minuten
440 kcal | 1840 kJ

Nudeln nach Packungsanweisung in Salzwasser garen. Zwiebel schälen und in Würfel schneiden. Rinderfilets trocken tupfen und mit Salz, Pfeffer, Rosmarin und Thymian würzen.

Öl in einer Pfanne auf hoher Stufe erhitzen, Filets darin ca. 4–5 Minuten von jeder Seite braten und herausnehmen. Steaks in Alufolie wickeln und ca. 10 Minuten ruhen lassen.

Zwiebelwürfel im Bratensatz ca. 1 Minute braten, Tomatenmark zufügen, unter Rühren anschwitzen, mit Brühe und Tomaten ablöschen, mit Salz und Pfeffer würzen und auf mittlerer Stufe ca. 6–8 Minuten köcheln lassen.

Nudeln abgießen. Sauce mit Zucker und Basilikum verfeinern. Kräuterfilet mit Tomaten und Bandnudeln servieren.

Für 2 Personen:

- 100 g trockene Bandnudeln
- Salz, Pfeffer
- 1 rote Zwiebel
- 2 Rinderfilets (à 125 g)
- 1/2 TL gehackter Rosmarin
- 1/2 TL gehackter Thymian
- 2 TL Olivenöl
- 1 EL Tomatenmark
- 50 ml Gemüsebrühe (2 Prisen Instantpulver)
- 400 g stückige Tomaten (Konserve)
- 1 Prise Zucker
- 1 TL gehacktes Basilikum

UPGRADE

Falls du dir nicht sicher bist, welches Fleisch du kaufen sollst, verwende doch argentinisches Rinderfilet. Mit diesem Klassiker kann man nichts falsch machen.

Schweinesteakpfanne mit Currysauce und Reis

8 SmartPoints Wert

fertig in: 15 Minuten | davon aktiv: 15 Minuten
448 kcal | 1876 kJ

Reis nach Packungsanweisung in Salzwasser garen. Tomaten und Paprika waschen. Paprika entkernen und würfeln. Tomaten vierteln. Steak trocken tupfen, in Streifen schneiden und mit Salz und Pfeffer würzen.

Öl in einer Pfanne auf hoher Stufe erhitzen und Steakstreifen mit Paprikawürfeln darin ca. 4–5 Minuten rundherum braten. Currypaste, Kräuter, Frischkäse und Brühe zufügen und mit Salz und Pfeffer würzen. Tomatenviertel untermischen und mit Salz und Pfeffer abschmecken. Schweinesteakpfanne mit Reis servieren.

Für 2 Personen:

- **80 g trockener Langkornreis**
- **Salz, Pfeffer**
- **300 g gelbe Cocktailtomaten**
- **1 grüne Paprika**
- **300 g Schweinesteak**
- **2 TL Rapsöl**
- **1 TL gelbe Curry-Würzpaste**
- **1 TL italienische Kräuter**
- **100 g Frischkäse, bis 1 % Fett absolut**
- **50 ml Gemüsebrühe (2 Prisen Instantpulver)**

Geschnetzeltes in Weißweinsauce

11 SmartPoints Wert

fertig in: 15 Minuten | davon aktiv: 15 Minuten
533 kcal | 2231 kJ

Nudeln nach Packungsanweisung in Salzwasser garen. Schweineschnitzel trocken tupfen, mit Salz und Pfeffer würzen und in Streifen schneiden. Broccoli- und Blumenkohlröschen in Salzwasser ca. 8–10 Minuten garen.

Öl in einer Pfanne auf hoher Stufe erhitzen, Schnitzelstreifen darin ca. 3 Minuten rundherum braten, mit Mehl bestäuben und unter Rühren anschwitzen. Mit Wein und Brühe ablöschen, Thymian zufügen und auf mittlerer Stufe ca. 4–5 Minuten köcheln lassen.

Geschnetzeltes mit Frischkäse verfeinern und mit Salz und Pfeffer abschmecken. Gemüse und Nudeln abgießen und mit Geschnetzeltem servieren.

Für 2 Personen:

- **90 g trockene Spiralnudeln**
- **Salz, Pfeffer**
- **360 g Schweineschnitzel**
- **200 g Broccoliröschen**
- **200 g Blumenkohlröschen**
- **2 TL Rapsöl**
- **2 TL Mehl**
- **70 ml Weißwein**
- **200 ml Gemüsebrühe (1 TL Instantpulver)**
- **1 TL gehackter Thymian**
- **3 EL Frischkäse, bis 1 % Fett absolut**

Steakpfanne mit Mangold

10 SmartPoints Wert

fertig in: 35 Minuten | davon aktiv: 30 Minuten
510 kcal | 2134 kJ

Mangold waschen, trocken schleudern und weiße Stiele von den Blättern schneiden. Mangoldblätter in grobe Streifen, -stiele in feine Streifen schneiden. Kartoffeln und Zwiebel schälen und würfeln. Steak trocken tupfen und in Streifen schneiden.

Öl in einer Pfanne erhitzen, Steakstreifen darin ca. 2–3 Minuten rundherum braten, salzen, pfeffern und herausnehmen. Kartoffel- und Zwiebelwürfel im Bratensatz ca. 5 Minuten rundherum anbraten, mit Brühe ablöschen und ca. 10–12 Minuten garen. Mangoldstreifen ca. 8 Minuten vor Ende der Garzeit zugeben und mitgaren. Gemüse mit Frischkäse verfeinern, Steakstreifen unterheben und erwärmen. Steakpfanne mit Muskatnuss verfeinern, mit Salz und Pfeffer abschmecken und servieren.

Für 1 Person:

- **250 g Mangold**
- **250 g festkochende Kartoffeln**
- **1 Zwiebel**
- **150 g Rindersteak**
- **1 TL Rapsöl**
- **Salz, Pfeffer**
- **200 ml Gemüsebrühe (1/2 TL Instantpulver)**
- **3 EL Frischkäse, bis 1 % Fett absolut**
- **2 Msp. geriebene Muskatnuss**

Rosenkohlpfanne mit Schweinefilet

8 SmartPoints Wert

fertig in: 45 Minuten | davon aktiv: 25 Minuten
455 kcal | 1907 kJ

Schalotte und Kartoffeln schälen und würfeln. Rosenkohl putzen und Stielansätze kreuzweise einschneiden. Schweinefilet trocken tupfen und in Stücke schneiden.

Macadamianüsse fettfrei in einer Pfanne auf mittlerer Stufe rösten und herausnehmen. Öl in der Pfanne auf hoher Stufe erhitzen, Filetstücke darin ca. 2–3 Minuten rundherum anbraten, salzen, pfeffern und herausnehmen. Schalotten-, Kartoffelwürfel und Rosenkohl im Bratensatz ca. 3–4 Minuten anbraten, mit Brühe ablöschen und auf mittlerer Stufe mit Deckel ca. 15 Minuten garen. Anschließend ohne Deckel weitere ca. 5 Minuten garen.

Rosenkohlpfanne mit Frischkäse und Majoran verfeinern. Filetstücke dazugeben und kurz erwärmen. Rosenkohlpfanne mit Salz und Pfeffer abschmecken, mit Macadamianüssen bestreuen und servieren.

Für 2 Personen:

1 Schalotte
400 g festkochende Kartoffeln
500 g Rosenkohl
240 g Schweinefilet
4 gehackte Macadamianüsse
1 TL Walnussöl (ersatzweise Rapsöl)
Salz, Pfeffer
250 ml Gemüsebrühe (1 TL Instantpulver)
3 EL Frischkäse, bis 1 % Fett absolut
1 EL gehackter Majoran

Rinderschmorbraten mit Spätzle

11 SmartPoints Wert

fertig in: 1 Stunde 50 Minuten | davon aktiv: 20 Minuten
606 kcal | 2536 kJ

Für 4 Personen:

- 1 Zwiebel
- 1 kg Rosenkohl
- 1 kg magerer Rinderbraten (z. B. Oberschale)
- Salz, Pfeffer
- 2 TL Rapsöl
- 2 EL Tomatenmark
- 400 ml Gemüsebrühe (2 TL Instantpulver)
- 180 g trockene Spätzle
- 1 EL Mehl
- 3 EL Wasser
- 3 TL Preiselbeerkonfitüre

Backofen auf 180° C (Gas: Stufe 2, Umluft: 160° C) vorheizen. Zwiebel schälen und in Würfel schneiden. Rosenkohl putzen und Stielansatz kreuzweise einschneiden. Rinderbraten trocken tupfen und mit Salz und Pfeffer würzen.

Öl in einem Bräter auf hoher Stufe erhitzen, Fleisch darin ca. 5 Minuten von allen Seiten kräftig anbraten und herausnehmen. Zwiebelwürfel und Tomatenmark im Bratensatz ca. 1 Minute anbraten. Mit Brühe ablöschen, kurz umrühren und ca. 5 Minuten köcheln lassen. Braten in die Sauce geben und mit Deckel im Backofen auf unterster Schiene ca. 90 Minuten garen.

Spätzle nach Packungsanweisung in Salzwasser garen. Rosenkohl in Salzwasser ca. 15 Minuten garen. Mehl mit Wasser verrühren. Braten aus dem Bräter nehmen, Bratensud mit Preiselbeerkonfitüre verfeinern, Mehlmischung unterrühren, weitere ca. 2–3 Minuten aufkochen und mit Salz und Pfeffer würzen. Rinderschmorbraten mit Preiselbeersauce, Rosenkohl und Spätzle servieren.

Pfeffersteak mit Kartoffel-Fenchel-Gratin

10 SmartPoints Wert

fertig in: 45 Minuten I davon aktiv: 25 Minuten
453 kcal I 1896 kJ

Für 2 Personen:

- 300 g festkochende Kartoffeln
- 1 Knoblauchzehe
- 150 ml fettarme Milch
- Salz, Pfeffer
- 1 Prise geriebene Muskatnuss
- 1 Fenchelknolle
- 40 g geriebener Käse, 30 % Fett i. Tr.
- 2 Rinderhüftsteaks (à 180 g)
- 1 TL bunter Pfeffer
- 1 TL Rapsöl
- 75 ml Gemüsebrühe (1/2 TL Instantpulver)
- 1 TL Senf

Backofen auf 200° C (Gas: Stufe 3, Umluft: 180° C) vorheizen. Kartoffeln schälen und in dünne Scheiben schneiden oder hobeln. Knoblauch pressen. Milch mit Salz, Pfeffer, Muskatnuss und Knoblauch würzen, aufkochen und Kartoffelscheiben ca. 10 Minuten darin vorgaren.

Fenchel waschen, halbieren, den Strunk entfernen und Fenchel in Streifen schneiden. Fenchelstreifen in eine Auflaufform geben und mit heißer Kartoffel-Milch-Mischung übergießen. Mit Käse bestreuen und im Backofen auf mittlerer Schiene ca. 25–30 Minuten garen.

Steaks trocken tupfen und mit Salz und buntem Pfeffer würzen. Öl in einer Pfanne auf hoher Stufe erhitzen, Steaks darin ca. 3–5 Minuten von jeder Seite braten und herausnehmen. In Alufolie wickeln und ca. 10 Minuten ruhen lassen.

Bratensatz mit Brühe ablöschen und Senf einrühren. Sauce ca. 1–2 Minuten köcheln lassen und mit Salz und Pfeffer abschmecken. Pfeffersteak mit Sauce und Kartoffel-Fenchel-Gratin servieren. Nach Wunsch mit buntem Pfeffer bestreuen.

Roastbeef mit Drillingen

10 SmartPoints Wert

fertig in: 45 Minuten | davon aktiv: 30 Minuten
glutenfrei
452 kcal | 1894 kJ

Für 4 Personen:

- **600 g Roastbeef**
- **Salz, Pfeffer**
- **3 TL Rapsöl**
- **800 g Drillinge (kleine Kartoffeln)**
- **500 g Champignons**
- **1 Fenchelknolle**
- **250 g Magerquark**
- **125 g fettarmer Joghurt**
- **2 TL Schnittlauchringe**
- **1/2 TL Paprikapulver**

Backofen auf 180° C (Gas: Stufe 2, Umluft: 160° C) vorheizen. Roastbeef trocken tupfen und mit Salz und Pfeffer würzen. Öl in einer Pfanne auf hoher Stufe erhitzen, Roastbeef darin ca. 4–5 Minuten von allen Seiten kräftig anbraten und herausnehmen. Roastbeef auf ein mit Backpapier ausgelegtes Backblech geben, im Backofen auf mittlerer Schiene ca. 20–25 Minuten garen und ca. 10 Minuten in Alufolie gewickelt ruhen lassen.

Drillinge waschen, Champignons trocken abreiben, Fenchel waschen, halbieren, den Strunk entfernen und Fenchel in Streifen schneiden. Drillinge mit Schale in Salzwasser ca. 15–20 Minuten garen. Champignons in Scheiben schneiden. Für den Dip Quark mit Joghurt und Schnittlauch verrühren und mit Salz, Pfeffer und Paprikapulver würzen.

Drillinge abgießen, mit Champignonscheiben und Fenchelstreifen im Bratensatz ca. 10 Minuten braten und mit Salz und Pfeffer abschmecken. Roastbeef mit Drillingen, Gemüse und Quarkdip servieren.

Tafelspitz mit Wildkräutersauce

9 SmartPoints Wert

fertig in: 75 Minuten | davon aktiv: 15 Minuten
432 kcal | 1809 kJ

Schalotten schälen und in Spalten schneiden. Tafelspitz trocken tupfen und mit Salz und Pfeffer würzen. Öl in einem Schmortopf auf hoher Stufe erhitzen, Schalottenspalten und Tafelspitz darin ca. 3–4 Minuten kräftig von allen Seiten anbraten. Lorbeerblatt und Nelken zufügen, mit Brühe ablöschen und mit Deckel ca. 70 Minuten köcheln lassen.

Kartoffeln schälen und mit Bohnen in Salzwasser ca. 15 Minuten garen. Wildkräuter mit 1/2 TL Salz und Pfeffer zerstoßen. Für die Sauce 250 ml Brühe vom Tafelspitz in einen Topf geben, Wildkräuter-Salz-Mischung zufügen, aufkochen und mit Frischkäse, Schmand und Zucker verfeinern. Mit Salz und Pfeffer abschmecken und auf mittlerer Stufe ca. 5 Minuten köcheln lassen.

Kartoffeln und Bohnen abgießen. Tafelspitz aus der Brühe nehmen und mit Kartoffeln, Bohnen und Wildkräutersauce servieren.

Für 4 Personen:

- 2 Schalotten
- 600 g magerer Tafelspitz
- Salz, Pfeffer
- 2 TL Rapsöl
- 1 Lorbeerblatt
- 1 Prise gemahlene Nelken
- 1 Liter Gemüsebrühe (1 EL Instantpulver)
- 700 g festkochende Kartoffeln
- 800 g grüne Bohnen (TK)
- 20 g Wildkräuter (z. B. Kerbel, Sauerampfer, ersatzweise Gartenkräuter)
- 150 g Frischkäse, bis 1 % Fett absolut
- 2 EL Schmand
- 1 Prise Zucker

Gyrospfanne mit Schafskäse

10 SmartPoints Wert

fertig in: 30 Minuten | davon aktiv: 20 Minuten
573 kcal | 2399 kJ

Nudeln nach Packungsanweisung in Salzwasser garen. Paprika, Tomaten und Bohnen waschen. Paprika entkernen und in Streifen schneiden. Zwiebel schälen und mit Tomaten in Würfel schneiden. Knoblauch pressen. Schafskäse würfeln.

Schweineschnitzel trocken tupfen, in Streifen schneiden und mit Gyrosgewürz würzen. Öl in einer Pfanne auf hoher Stufe erhitzen, Schnitzelstreifen darin ca. 4–5 Minuten rundherum braten und herausnehmen.

Zwiebelwürfel und Knoblauch im Bratensatz ca. 1 Minute anbraten. Paprikastreifen, Tomatenwürfel und Bohnen zufügen, kurz mitbraten, mit Brühe ablöschen und auf mittlerer Stufe ca. 10 Minuten köcheln lassen. Mit Salz und Pfeffer würzen.

Nudeln abgießen, mit Fleisch zum Gemüse geben, kurz erwärmen, mit Schafskäse bestreuen und Gyrospfanne servieren.

Für 2 Personen:

80 g trockene Penne
Salz, Pfeffer
je 1 gelbe und rote Paprika
2 Tomaten
250 g grüne Bohnen (frisch oder TK)
1 Zwiebel
1 Knoblauchzehe
60 g Schafskäse, 25 % Fett i. Tr.
360 g Schweineschnitzel
1 TL Gyrosgewürz
2 TL Rapsöl
125 ml Gemüsebrühe (1/2 TL Instantpulver)

Besondere Rezepte mit Lamm, Kalb & Co.

Saltimbocca mit Kartoffel-Knoblauch-Püree

10 SmartPoints Wert

fertig in: 30 Minuten | davon aktiv: 30 Minuten
539 kcal | 2257 kJ

Für 2 Personen:

- **2 Knoblauchzehen**
- **300 g festkochende Kartoffeln**
- **Salz, Pfeffer**
- **4 Blätter Salbei**
- **2 Stangen Lauch**
- **2 Kalbsschnitzel (à 180 g)**
- **2 Scheiben Serranoschinken**
- **2 TL Rapsöl**
- **150 ml Gemüsebrühe (1/2 TL Instantpulver)**
- **2 TL Pesto verde**
- **3 EL Frischkäse, bis 1 % Fett absolut**
- **2 EL fettarme Milch**

Knoblauch und Kartoffeln schälen und zusammen in Salzwasser ca. 15 Minuten garen. Salbei waschen und trocken schütteln. Lauch waschen, in Ringe schneiden und in Salzwasser ca. 10 Minuten garen.

Kalbsschnitzel trocken tupfen und mit Salz und Pfeffer würzen. Schnitzel und Schinken jeweils halbieren. Schnitzelstücke auf einer Seite mit je 2 Salbeiblättern und Schinkenhälften belegen und mit kleinen Spießen fixieren. Öl in einer Pfanne auf hoher Stufe erhitzen und Saltimbocca darin ca. 2–3 Minuten von jeder Seite braten und herausnehmen.

Bratensatz mit Brühe ablöschen, Pesto und Frischkäse zufügen, kurz köcheln lassen und mit Salz und Pfeffer abschmecken. Kartoffeln und Knoblauch abgießen, zusammen mit Milch zerstampfen und mit Salz und Pfeffer würzen. Lauch abgießen. Saltimbocca mit Kartoffel-Knoblauch-Püree, Lauch und Sauce servieren.

Info

Saltimbocca bedeutet übersetzt „Spring in den Mund!“

Feurige Lammspieße mit Kakisauce

7 SmartPoints Wert

fertig in: 25 Minuten | davon aktiv: 25 Minuten
laktosefrei
449 kcal | 1879 kJ

Für 2 Personen:

- 250 g Lammfilet
- 2 Zucchini
- 2 rote Zwiebeln
- Salz, Pfeffer
- 2 TL gehackte italienische Kräuter
- 1 TL Sambal Oelek
- 2 TL Rapsöl
- 2 Kakis
- 1 rote Chilischote
- 1 Knoblauchzehe
- 1 TL Weißweinessig
- 4 Scheiben Ciabattabrot

Lammfilet trocken tupfen und in Stücke schneiden. Zucchini waschen, längs halbieren und in Scheiben schneiden. Zwiebeln schälen und in Spalten schneiden. Lammfiletstücke, Zucchinischeiben und Zwiebelspalten abwechselnd auf 4 Spieße stecken.

Spieße mit Salz, Pfeffer und 1 TL Kräutern würzen und mit Sambal Oelek bestreichen. Öl in einer Pfanne auf mittlerer bis hoher Stufe erhitzen und Spieße darin ca. 5–8 Minuten rundherum braten.

Kakis schälen und in Würfel schneiden. Chilischote waschen, entkernen und in feine Ringe schneiden. Knoblauch pressen. Kakiwürfel, Knoblauch und Chiliringe mit Essig und restlichen Kräutern mischen und leicht pürieren.

Lammspieße aus der Pfanne nehmen und Ciabattabrot im Bratensatz ca. 1 Minute von jeder Seite rösten. Feurige Lammspieße mit Kakisauce und Brot servieren.

Info

Die Kaki oder Sharonfrucht ist eine Obstsorte, die ursprünglich aus Asien stammt. Sie kann auch mit Schale gegessen werden und erinnert geschmacklich an eine Zuckermelone oder einen Pfirsich.

Hirschsteaks mit Waldpilzen und Kroketten

13 SmartPoints Wert

fertig in: 55 Minuten | davon aktiv: 45 Minuten
482 kcal | 2018 kJ

Kartoffeln schälen, würfeln und in Salzwasser ca. 15 Minuten garen. Pilze trocken abreiben und in Stücke schneiden. Zwiebel schälen und würfeln, Knoblauch hacken. Backofen auf 220° C (Gas: Stufe 4, Umluft: 200° C) vorheizen.

Kartoffeln abgießen und durch eine Kartoffelpresse drücken. Mit Eigelb und Stärke vermischen und mit Salz, Pfeffer und Muskatnuss würzen. Masse zu 6 Kroketten formen. Paniermehl fettfrei in einer Pfanne auf mittlerer Stufe rösten, Kroketten darin wenden, auf ein mit Backpapier ausgelegtes Backblech legen und im Backofen auf mittlerer Schiene ca. 15 Minuten backen.

Hirschsteaks trocken tupfen. Öl in einer Pfanne auf hoher Stufe erhitzen, Steaks darin ca. 3–5 Minuten von jeder Seite braten, salzen, pfeffern, mit Preiselbeergelee bestreichen und in Alufolie gewickelt ca. 10 Minuten ruhen lassen.

Zwiebelwürfel mit Knoblauch und Pilzen im Bratensatz ca. 2–3 Minuten anbraten. Mit Cremefine ablöschen und ca. 4–5 Minuten köcheln lassen. Mit Salz und Pfeffer abschmecken, mit Petersilie bestreuen und Hirschsteaks mit Waldpilzen und Kroketten servieren.

Für 2 Personen:

- 300 g mehligkochende Kartoffeln
- Salz, Pfeffer
- 500 g gemischte Pilze (z. B. Champignons, Kräuterseitlinge, Steinpilze)
- 1 Zwiebel
- 1 Knoblauchzehe
- 1 Eigelb
- 2 EL Kartoffelstärke
- 1 Prise geriebene Muskatnuss
- 1 EL Paniermehl
- 2 Hirschsteaks (à 140 g)
- 2 TL Rapsöl
- 1 TL Preiselbeergelee
- 150 ml Cremefine zum Kochen, 7 % Fett
- 1 EL gehackte Petersilie

← Lammfilet mit Bandnudeln

9 SmartPoints Wert

fertig in: 30 Minuten I davon aktiv: 25 Minuten
546 kcal I 2285 kJ

Frühlingszwiebeln waschen und in Ringe schneiden. Ingwer schälen und fein hacken. Mangos schälen und Fruchtfleisch in Spalten vom Stein schneiden. Karotten schälen und in feine Streifen schneiden. Lammfilet trocken tupfen und mit Salz und Pfeffer würzen. Öl in einer Pfanne auf hoher Stufe erhitzen, Filet darin ca. 4–5 Minuten rundherum braten, herausnehmen, in Alufolie wickeln und ca. 10 Minuten ruhen lassen. Nudeln nach Packungsanweisung in Salzwasser garen.

Frühlingszwiebelringe, Karottenstreifen und Ingwer im Bratensatz anbraten und mit Brühe ablöschen. Rote Pfefferbeeren grob zerstoßen und mit Mangospalten dazugeben. Sauce mit Honig verfeinern, mit Salz und Pfeffer abschmecken und ca. 4–5 Minuten köcheln lassen. Bandnudeln abgießen und mit Lammfilet und Mangosauce servieren.

Für 2 Personen:

- 1/2 Bund Frühlingszwiebeln
- 1 Stück Ingwer (ca. 1 cm)
- 2 reife Mangos
- 4 Karotten
- 250 g Lammfilet
- Salz, Pfeffer
- 2 TL Rapsöl
- 100 g trockene grüne Bandnudeln
- 150 ml Gemüsebrühe (1 TL Instantpulver)
- 1 TL rote Pfefferbeeren
- 1 TL Honig

Hirschgulasch mit Sauerkraut

8 SmartPoints Wert

fertig in: 75 Minuten I davon aktiv: 20 Minuten
glutenfrei I laktosefrei
492 kcal I 2059 kJ

Schalotten schälen und mit Schinken in Würfel schneiden. Gulasch trocken tupfen. Öl in einem Schmortopf auf hoher Stufe erhitzen, Gulasch darin ca. 4–5 Minuten kräftig anbraten und mit Salz und Pfeffer würzen.

Tomatenmark, Schalotten- und Schinkenwürfel zufügen und ca. 1–2 Minuten mitbraten. Gulasch mit Mehl bestäuben und unter Rühren anschwitzen. Mit Fond ablöschen, Sauerkraut, Wacholderbeeren, Lorbeerblätter und Thymian zufügen und auf niedriger bis mittlerer Stufe ca. 1 Stunde köcheln lassen.

Kartoffeln schälen und in Salzwasser ca. 20 Minuten garen. Lorbeerblätter entfernen. Gulasch mit Salz und Pfeffer abschmecken und mit Kartoffeln servieren.

Für 2 Personen:

- 2 Schalotten
- 2 Scheiben roher Schinken
- 360 g Hirschgulasch
- 2 TL Rapsöl
- Salz, Pfeffer
- 2 TL Tomatenmark
- 1 TL Mehl
- 1 Glas Wildfond (400 ml)
- 1 Dose Sauerkraut (520 g Abtropfgewicht)
- 1 TL Wacholderbeeren
- 2 Lorbeerblätter
- 1 TL gehackter Thymian
- 300 g festkochende Kartoffeln

Wiener Schnitzel mit Kartoffelsalat

12 SmartPoints Wert

fertig in: 40 Minuten | davon aktiv: 30 Minuten
593 kcal | 2481 kJ

Für 2 Personen:

- **200 g festkochende Kartoffeln**
- **1 Zwiebel**
- **5 TL Rapsöl**
- **600 ml Gemüsebrühe (2 TL Instantpulver)**
- **200 g Cocktailtomaten**
- **1/2 Bund Radieschen**
- **1 Glas Gewürzgurken (190 g Abtropfgewicht)**
- **2 EL gehackte Petersilie**
- **1 TL heller Balsamicoessig**
- **Salz, Pfeffer**
- **1 Prise geriebene Muskatnuss**
- **2 Kalbsschnitzel (à 180 g)**
- **1 EL Mehl**
- **3 EL Paniermehl**
- **1 Ei**

Kartoffeln und Zwiebel schälen. Kartoffeln in Scheiben und Zwiebel in Ringe schneiden. 1 TL Öl in einem Topf auf mittlerer Stufe erhitzen und Zwiebelringe darin ca. 1–2 Minuten anschwitzen. Mit Brühe ablöschen, Kartoffelscheiben zufügen und mit Deckel ca. 10–12 Minuten garen.

Tomaten und Radieschen waschen und vierteln. Gurken abtropfen lassen, Gurkenwasser auffangen und Gurken in Würfel schneiden. Kartoffeln abgießen, Brühe auffangen und Kartoffeln etwas abkühlen lassen. Kartoffelscheiben mit Gemüse vermengen und mit Petersilie verfeinern.

Für das Dressing etwas Brühe, Gurkenwasser und Essig verrühren und mit Salz, Pfeffer und Muskatnuss würzen. Kartoffelsalat mit Dressing vermischen und kurz ziehen lassen.

Kalbsschnitzel trocken tupfen, flacher klopfen, salzen, pfeffern und mit Mehl bestäuben. Für die Panade Paniermehl in einem tiefen Teller verteilen. Ei in einem weiteren tiefen Teller verquirlen. Schnitzel erst in Ei und dann in Paniermehl wenden.

Restliches Öl in einer Pfanne auf mittlerer bis hoher Stufe erhitzen und Schnitzel darin ca. 4–5 Minuten von jeder Seite braten. Wiener Schnitzel mit Kartoffelsalat servieren.

Ein Schnitzel auf die Schnelle? Probiere doch mal das Weight Watchers Jägerschnitzel! Berechne dafür den SmartPoints Wert 8.

Lammkoteletts mit gebackenen Bohnen

12 SmartPoints Wert

fertig in: 55 Minuten | davon aktiv: 45 Minuten
low carb | glutenfrei | laktosefrei
467 kcal | 1955 kJ

Für 4 Personen:

- 3 Zwiebeln
- 4 Karotten
- 500 g Knollensellerie
- 4 Tomaten
- 2 TL Rapsöl
- 2 Knoblauchzehen
- 2 EL Tomatenmark
- 200 ml Wasser
- 1 Dose weiße Bohnen (460 g Abtropfgewicht)
- 1 TL Ahornsirup
- Salz, grob gemahlener Pfeffer
- 8 Lammkoteletts (à 50 g)
- 1 TL gehackter Rosmarin

Backofen auf 200° C (Gas: Stufe 3, Umluft: 180° C) vorheizen. Zwiebeln, Karotten und Sellerie schälen, Tomaten waschen und alles in Würfel schneiden. 1 TL Öl in einem Bräter auf mittlerer Stufe erhitzen, 1 Knoblauchzehe dazupressen und mit Zwiebel-, Sellerie- und Karottenwürfeln darin ca. 3–5 Minuten anbraten.

Tomatenmark dazugeben, kurz anrösten und mit Wasser ablöschen. Bohnen abspülen, abtropfen lassen und mit Ahornsirup und Tomatenwürfeln zum Gemüse geben. Mit Salz und Pfeffer abschmecken und im Backofen im unteren Drittel ca. 30 Minuten garen.

Lammkoteletts abspülen und trocken tupfen. Restlichen Knoblauch in Scheiben schneiden. Restliches Öl in einer Pfanne auf hoher Stufe erhitzen und Lammkoteletts mit Knoblauchscheiben darin ca. 2–3 Minuten von jeder Seite braten. Mit Salz, Pfeffer und Rosmarin würzen und Lammkoteletts mit gebackenen Bohnen servieren.

Lammsteaks mit Fächerkartoffeln

11 SmartPoints Wert

fertig in: 65 Minuten | davon aktiv: 35 Minuten
423 kcal | 1771 kJ

Für 2 Personen:

- **4 festkochende Kartoffeln (à 100 g)**
- **2 TL Rapsöl**
- **Salz, Pfeffer**
- **2 Lammsteaks (à 120 g)**
- **1 unbehandelte Limette**
- **125 g Feldsalat**
- **100 g Mais (Konserve)**
- **4 EL fettreduzierte Kokosmilch**
- **100 ml Gemüsebrühe (1/2 TL Instantpulver)**

Für die Fächerkartoffeln Backofen auf 200° C (Gas: Stufe 3, Umluft: 180° C) vorheizen. Kartoffeln schälen und fächerartig in dünne Scheiben einschneiden. Auf ein mit Backpapier ausgelegtes Backblech legen, mit 1 TL Öl bepinseln und mit Salz und Pfeffer würzen. Im Backofen auf mittlerer Schiene ca. 45–50 Minuten garen.

Steaks trocken tupfen. 1 TL Limettenschale abreiben und Limette auspressen. Limettenschale, restliches Öl, Salz und Pfeffer verrühren und mit Steaks in einen Gefrierbeutel geben. Gut verkneten und im Kühlschrank ca. 30 Minuten marinieren. Salat waschen und trocken schleudern. Mais abtropfen lassen. Kokosmilch mit 2 TL Limettensaft und Brühe pürieren und mit Salz und Pfeffer kräftig würzen.

Eine Pfanne auf hoher Stufe erhitzen und Steaks darin ohne weitere Fettzugabe ca. 3–4 Minuten von jeder Seite braten. Salat mit Dressing beträufeln und Steaks mit Fächerkartoffeln und Salat servieren.

Lamm im Kräutermantel mit Rahmsellerie

7 SmartPoints Wert

fertig in: 45 Minuten | davon aktiv: 40 Minuten
360 kcal | 1507 kJ

Für 4 Personen:

- 1 Knollensellerie (ca. 1 kg)
- Salz, Pfeffer
- 4 TL Rapsöl
- 1 TL Mehl
- 200 g Frischkäse, bis 1 % Fett absolut
- 2 EL Schnittlauchringe
- 1 Prise geriebene Muskatnuss
- 4 Lammlachse (à 120 g)
- 4 EL gemischte gehackte Kräuter (z. B. Petersilie, Majoran, Rosmarin)
- 4 Scheiben Roggenvollkornbrot (Schwarzbrot)

Sellerie schälen und in Scheiben schneiden. Selleriescheiben in 500 ml Salzwasser ca. 10 Minuten garen, abgießen und dabei 350 ml Selleriesud auffangen. 2 TL Öl in einem Topf auf mittlerer Stufe erhitzen und Mehl darin hellgelb anschwitzen. Unter Rühren mit Selleriesud ablöschen, aufkochen und ca. 5 Minuten köcheln lassen.

Sauce mit Frischkäse und Schnittlauch verfeinern und mit Salz, Pfeffer und Muskatnuss würzen. Selleriescheiben zufügen und ca. 5 Minuten ziehen lassen. Lammlachse trocken tupfen.

Restliches Öl in einer Pfanne auf hoher Stufe erhitzen, Lammlachse darin ca. 5 Minuten von allen Seiten braten und mit Salz und Pfeffer würzen. Kräuter auf einem Teller verteilen, Lammlachse darin wenden und mit Rahmsellerie und Brot servieren.

UPGRADE

Probiere doch mal ein Salzwiesenlamm. Sie grasen auf einer Weide in der Nähe vom Meer und ernähren sich neben dem frischen Gras auch von Wildkräutern. Dadurch erhält ihr Fleisch einen unvergleichlichen Geschmack.

Gnocchi-Lamm-Pfanne mit Erbsencreme

10 SmartPoints Wert

fertig in: 25 Minuten | davon aktiv: 20 Minuten
537 kcal | 2250 kJ

Für 2 Personen:

- **400 g Zuckererbsenschoten**
- **300 ml Gemüsebrühe (1 TL Instantpulver)**
- **100 g Erbsen (TK)**
- **240 g Lammfilet**
- **1/2 Knoblauchzehe**
- **1 TL Crème légère**
- **1 EL gehackte Petersilie**
- **1 TL gemahlene Mandeln**
- **Meersalz, grob gemahlener Pfeffer**
- **1 TL Rapsöl**
- **250 g Gnocchi (Frischprodukt)**
- **1 TL gehackter Majoran**

Zuckererbsenschoten waschen und schräg halbieren. Brühe in einem Topf auf mittlerer bis hoher Stufe erhitzen und Erbsen darin ca. 5 Minuten garen. Lammfilet trocken tupfen und würfeln. Erbsen abgießen und den Sud dabei auffangen. Für die Erbsencreme Knoblauch pressen, mit Crème légère, Erbsen, 50 ml Erbsensud, Petersilie und Mandeln pürieren und mit Salz und Pfeffer abschmecken.

Öl in einer Pfanne auf hoher Stufe erhitzen, Lammwürfel darin ca. 3–5 Minuten rundherum anbraten, salzen, pfeffern und herausnehmen. Zuckererbsenschotenhälften im Bratensatz ca. 2–3 Minuten anbraten, mit restlichem Erbsensud ablöschen und aufkochen. Gnocchi dazugeben und auf mittlerer Stufe ca. 5–7 Minuten erwärmen.

Lammwürfel nach ca. 3–4 Minuten unterheben, mit Salz, Pfeffer und Majoran würzen und kurz erwärmen. Gnocchi-Lamm-Pfanne nach Wunsch mit Chiliflocken bestreuen und mit Erbsencreme garniert servieren.

Meister der Herzen

Den Gedanken, Punkte zu zählen, fand Christoph zunächst ziemlich merkwürdig. Seine Freundin hatte den BWL-Studenten aus Bad Honnef mit ins Treffen geschleppt – aber der 22-Jährige Fußballfan fand es dann doch ziemlich cool, dass seine Hemden und Hosen immer weiter wurden.

Name:	Christoph
Alter:	22 Jahre
Erfolg:	-13 kg
Teilnahme:	Treffen

Weight Watchers: Warum bist du ins Treffen gegangen?
Christoph (schmunzelt): Ganz klar nur aus Liebe zu meiner Freundin Kathi. Nach dem ersten Treffen hat Kathi zu Hause schon ganz schön auf mich eingeredet, damit ich noch ein zweites Mal mitkomme. Doch es hat sich echt gelohnt, dass sie mich aus der Nummer nicht rausgelassen hat!

Denn du wolltest schon abnehmen ...
Auf alle Fälle! Ich war als Teenager schon recht pummelig. Nach der Schule ging allerdings einiges fast von selbst runter. Denn ich habe eine Lehre als Hotelfachmann gemacht und war da viel mehr auf den Beinen als vorher. Und ich bin in meinem Fußballverein vom Tor aufs Feld gewechselt. Mein Gewicht hatte sich in den letzten Jahren bei 95 Kilo eingependelt. Damit war ich jetzt nicht super unzufrieden, aber man träumt natürlich schon davon, noch besser auszusehen. Und tatsächlich habe ich mit Weight Watchers 13 Kilo in fünf Monaten abgenommen!

Woran lag es denn, dass es alleine nicht weiterging?
Das war schon ein bisschen die Bequemlichkeit, aber ich habe auch einfach nicht nachgedacht, was ich da so esse, und ich wusste auch nicht, was ich hätte anders machen können. Ich sitze zum Beispiel viel an der Play Station und habe dabei früher literweise Eistee getrunken. Das war für mich völlig normal. Als ich erfahren habe, wie viele Punkte Eistee hat, habe ich den ganz schnell durch Wasser ersetzt. Knackpunkt waren auch die Süßigkeiten. Da gab's vorher keine Grenzen. Jetzt gibt's nach den Mahlzeiten nur noch ein kleines Stück Schokolade!

Wie bist du das Projekt „Abnehmen" angegangen?
Ins Treffen bin ich mit meiner Freundin immer samstags, um 10 Uhr. Wir haben dann direkt in der Wochenbroschüre nach neuen Rezepten gesucht. Dann haben wir beim Frühstück zu Hause unsere Woche geplant und sind hinterher gemeinsam einkaufen gegangen.

Wie hat dir das Treffen geholfen?
Die Punkte und die App, das war ja alles Neuland für mich. Der Coach hat das alles aber sehr gut erklärt, mich angespornt und bestärkt. Erst merkt man ja gar nicht so, dass man abnimmt, aber die Hemden wurden immer größer und die Hosen passten auch nicht mehr (lacht).

Wie fühlst du dich heute, 13 Kilo leichter?
In den letzten Urlaub am Gardasee, also den ersten schlanken Urlaub, habe ich mein Rad mitgenommen – das hätte ich früher nie gemacht. Und beim Fußball fühle ich mich natürlich besser: Ich habe einen besseren Überblick, mehr Ausdauer und deshalb auch mehr Spaß und Freude am Spiel.

Wenn du wie Christoph durchstarten möchtest, dann schau einfach bei einem Treffen in deiner Nähe vorbei:

www.weightwatchers.de/treffen

Was Christoph heute gut tut – seine 3 besten Tipps

- Meine Freundin und ich essen abends immer gemeinsam warm. Weil wir vorplanen, weiß ich, was es abends gibt und wie viele Punkte es hat. Und dann kann ich entscheiden, was ich mittags esse: nur einen Salat oder doch einen Burger.
- Am Buffet im Urlaub genieße ich die Auswahl – aber ich muss heute nicht mehr alles in mich reinschlingen. Ich stehe eher auf Klasse als auf Masse.
- Montags gehe ich immer zum Fußballtraining und nehme Kathi auf dem Weg mit in ihr Fitnessstudio. So kann jeder seins machen und unterstützt den anderen trotzdem.

Autorin: Silke Bruns
Fotografin: Tania Walck

Register nach Alphabet

A

B

C

E

F

G

H

I

K

Lust auf...

...Asiatisches?

...Burger und Wraps?

...etwas Besonderes?

...Exotisches?

...Fruchtiges?

...Geschmortes?

...Klassiker?

...Low Carb?

...Mediterranes?

...Ofenküche?

...Pasta?

...Pfannengericht?

...Salat?

...Scharfes?

...Spieße?

...Suppe und Eintopf?

Impressum

Redaktion
Weight Watchers
Claudia Braun, Claudia Thienel

Realisierung
The Food Professionals Köhnen AG, Sprockhövel

Projektleitung
Silke Höpker

Rezepte
Ingrid Schmand, Kathrin Schmitt

Versuchsküche
Dennis Webers

Fotografie
Klaus Arras, Andreas Ketterer,
Dirk Przibylla, Stefan Schulte-Ladbeck, Thinkstock (Seiten 4, 5, 7)

Foodstyling
Katja Briol, Marc Fleischer,
Evelyn Layher, Stefan Mungenast, Christa Schraa

Gestaltungskonzept und Grafik
The Food Professionals Köhnen AG, Sprockhövel
Petra Penker, Anja Reins

Druck
paffrath print & medien GmbH, Remscheid

1. Auflage 2016

weightwatchers

Info-Hotline 01802-23 45 64*
www.weightwatchers.de

*0,06 €/Anruf aus dem Festnetz, Mobilfunk höchstens 0,42 €/Minute.

PEFC zertifiziert
Dieses Papier stammt aus nachhaltig bewirtschafteten Wäldern und kontrollierten Quellen.

www.pefc.de